MOLIÈRE

LES

FEMMES SAVANTES

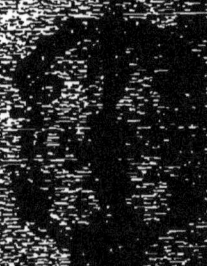

PARIS

Librairie E.

LES PIÈCES DE MOLIÈRE

LES

FEMMES SAVANTES

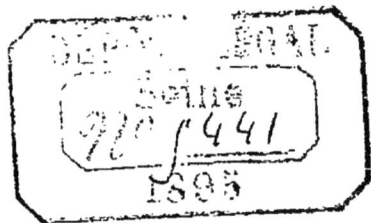

TIRAGE A PETIT NOMBRE

Il a été tiré en outre :

20 exemplaires sur papier du Japon, avec triple
épreuve de la gravure (nos 1 à 20).

25 exemplaires sur papier de Chine fort, avec double
épreuve de la gravure (nos 21 à 45).

25 exemplaires sur papier Whatman, avec double
épreuve de la gravure (nos 46 à 70).

70 exemplaires, numérotés.

Composition d'après Louis Leloir

LES FEMMES SAVANTES
(Acte III, Scène II.)

MOLIÈRE

LES

FEMMES SAVANTES

COMÉDIE EN CINQ ACTES

AVEC UNE NOTICE ET DES NOTES

PAR

GEORGES MONVAL

Dessin de L. Leloir

GRAVÉ A L'EAU-FORTE PAR CHAMPOLLION

PARIS

LIBRAIRIE DES BIBLIOPHILES

E. FLAMMARION SUCCESSEUR

Rue Racine, 26, près de l'Odéon

M DCCC XCV

NOTICE

SUR

LES FEMMES SAVANTES

―――

« N'est-ce pas assez de la peste, de la
guerre, de la famine pour châtier nos
vices; faut-il encore que nos femmes
soient savantes? »

YOUNG.

MOLIÈRE, *qui n'a jamais été très tendre pour les
femmes, paraît avoir eu une véritable aversion pour les savantes, les précieuses, les prudes et
les coquettes, c'est-à-dire pour toutes les prétentieuses,
inutiles ou malfaisantes.*

*Et la question si grave de l'éducation des femmes
l'a préoccupé toute sa vie.*

Femmes savantes.   a

A partir des Précieuses Ridicules, *et pendant treize années, il y revient sans cesse, dans* Scanarelle, *dans* les Facheux, *dans ses deux* Écoles, *dans la* Critique de l'École des Femmes, *dans l'*Impromptu de Versailles, *dans le* Misanthrope, *dans la* Comtesse d'Escarbagnas, *comme il n'a plus lâché les médecins depuis* Don Juan.

Tous ces efforts partiels devaient aboutir et se résumer aux deux grandes œuvres de sa dernière année, et qui seront comme son testament : les Femmes Savantes *et le* Malade Imaginaire.

L'année du Misanthrope, *il songe à mettre Ménage sur la scène. En 1668, il travaille à* Trissotin. *Deux ans plus tard, le dernier jour de 1670, il prend un privilège pour les* Femmes Savantes : *la pièce est donc prête plus d'un an avant d'être jouée, et c'est la première fois, depuis le* Misanthrope, *que Molière a eu le loisir de méditer et de polir un chef-d'œuvre.*

Jamais, même dans Tartuffe, *Molière ne nous a fait pénétrer plus intimement dans un intérieur bourgeois du bon siècle ; jamais aussi son vers ne fut plus franc, plus clair et plus nourri ; jamais langue plus saine et plus vraie, plus facile à graver dans la mémoire, ne fut mise au service d'une meilleure cause.*

Molière avait, dans les Précieuses, *fustigé, surtout en la forme, un ridicule extérieur qui ne bles-*

sait que le bon goût et ne menaçait que la langue.
Mais, ou le mal avait grandi, ou le Railleur avait
compris qu'il portait atteinte au bon ordre, à la nature, aux lois, à la famille. Il reprit son sujet de
plus haut et à fond, et s'attaqua résolûment à ce
qu'il regardait comme un péril social.

Les Précieuses avaient horreur du mariage. Ces
nonnes volontaires, cloîtrées dans leurs chimères et
vouées à la stérilité, formaient une véritable ligue
du célibat. Leur coutume était de vieillir « en s'aimant sans se marier », et de blâmer partout le
mariage, qu'elles regardaient comme la fin de la
galanterie, le tombeau de l'Amour, qu'elles définis-
saient même « l'abîme de la liberté », leur bien le
plus cher ! Il n'y avait pas si longtemps que la
savante Mlle de Gournay était morte fille, les liens
du mariage lui ayant toujours paru contraires à son
système d'indépendance. Combien d'années la belle
Julie d'Angennes avait-elle fait languir ce pauvre
Montausier, par pure aversion de l'hymen et de « ce
qui s'en suit » !

Molière sentait le danger, et, fondant en un seul
rôle Cathos et Madelon, qui déjà faisaient penser à
l'incomparable Arthénice et à Madeleine de Scudéry, il créa la prude et hautaine Armande, qui,
ne voulant s'asservir aux lois d'un homme, épouse
la Philosophie, et n'admet qu'un amour épuré, pla-
tonique, immatériel, éthéré, « l'Amitié tendre hors

mariage » *comme l'appelait Sorel, qui avait déjà
fait justice des pernicieuses maximes de ces pecques
vouées au célibat :* « L'homme est assorti de l'âme et
du corps, *disait-il ; ce sont chimères toutes pures que
nos sociétés spirituelles* » ; *et il condamnait* « ces
beaux esprits du temps qui veulent tout purifier en
se tirant de l'humanité et des lois communes du
monde* [1] ».

« J'aime avec tout moi-même », *va répondre Clitandre à ces distinctions subtiles que ne connaît pas
la bonne nature, et il plaidera pour le mariage, pour
la famille, pour le bonheur.*

*Quand par hasard une précieuse consentait à se
« faire un mari », pouvait-elle bien remplir dans le
ménage son rôle d'épouse et de mère, surtout si à la
fureur du bel-esprit, à la lecture des romans et des
vers, elle joignait le goût des sciences et la démangeaison d'écrire ? Pourra-t-elle, cette savante, se ré-
signer à n'être que la subalterne de l'homme,* « dont
l'empire et l'autorité, — *a dit excellemment* M. Du-
mas fils — *ne sont faits que de ce que la femme
ignore* » ?

*Molière était dans la tradition, dans la nature et
la vérité, quand il pensait que la femme ne doit pas
être l'égale de l'homme. On n'en était pas encore*

---

1. Lettre prétieuse à des Prétieuses (*Œuvres diverses*, ou
Discours mêlez, par M. D. S., publiées en 1663, p. 237).

*aux revendications modernes, aux ligues d'affran-
chissement et d'émancipation. Mais Molière, qui li-
sait tout, devait certainement connaître l'étonnant
opuscule, récemment paru, de damoiselle Jacquette
Guillaume :* LES DAMES ILLUSTRES *(anciennes et modernes)* où par bonnes et fortes raisons il se prouve
que le sexe féminin surpasse en toute sorte de
genres le sexe masculin[1].

*Tel est le titre de cette compilation religieuse, poé-
tique, historique et géographique, qu'il n'est pas
besoin de lire en entier pour démêler les prétentions
de l'auteur en jupons. Les titres seuls en disent assez :
«* CHAP. Ier. : *Que les dames illustres surpassent
les hommes en tout ce qui est louable, et même que
parmi les êtres créés elles sont les plus nobles et les
plus utiles.* — CHAP. II : *Que les hommes surpassent les femmes en toute sorte de malices, comme
aussi en toutes sottises et en toutes impertinences. »
Le chap. Ier de la deuxième partie traite des « ennemis de la science », et le chap. II est intitulé :
« Que ceux qui se sont efforcés de rabaisser le mérite des* DAMES SAVANTES *n'y ont gagné que le titre
de médisants et d'envieux. »*

*Au risque d'être à tout jamais classé parmi ces
derniers, Molière eut le courage d'exécuter publiquement, sous les noms de Philaminte, d'Armande*

---

1. Paris, chez T. Jolly, 1665, in-12.

et de *Bélise, la savante, la précieuse et la visionnaire, dont les traits rappelaient ceux de plus d'une illustre du temps.* C'était s'attaquer à forte et nombreuse partie : Paris était peuplé de ruelles, et le Grand Dictionnaire des Précieuses *nous donne le chiffre incroyable auquel était montée leur Confrérie à la date du mariage du Roi.* Trois ans plus tard, le Cercle des Femmes Savantes [1], *dédié par Jean de la Forge à Mme la comtesse de Fiesque, ne nomme pas moins de* 71 *savantes de France, dont* 57 *vivantes en* 1663.

Molière en connaissait plusieurs parmi celles qui avaient tâté du théâtre : Mlle Cosnard, Mme de Saint-Balmon, Françoise Pascal, Hortense Desjardins, *etc.,* etc. *Mais c'est surtout au monde des ruelles, aux savantes et aux cartésiennes qu'il s'en prenait, et, sans vouloir en peindre aucune, il ne pouvait faire que le public n'y trouvât des applications personnelles.* Philaminte *et* Armande firent songer à la marquise de Rambouillet *et à sa fille* Julie, *longtemps rebelle à la recherche de Clitandre-Montausier, et si Bélise est plutôt empruntée*

---

1. Dialogue en vers héroïques, avec un avis aux lectrices et quelques vers à l'auteur (Sonnets et madrigaux liminaires signés : Guéret, Du Pelletier, de Villiers, Clerselier, Boursault, Boulanger, et autres ennemis de Molière). A Paris, P. Trabouillet, 1663, in-12 de 10 ff. et 15 pp. plus 13 pp. n. c. pour la *clef.*

à la comédie espagnole et aux Visionnaires de Desmarets qu'à la société contemporaine, tel trait pouvait
frapper la grande Mademoiselle, tel autre Scudéry
« pucelle de très grand renom », La Fayette, Des-
houllières, Sévigné, de la Suze, la « sage et savante »
Sablière, Mme du Buisson, la comtesse de Brassac,
Mlle de la Vigne, les Corinnes et les Saphos de leur
siècle, souveraines du royaume de Tendre.

C'était là s'attaquer au sexe tout entier, et s'ex-
poser au sort d'Orphée et du misogyne Euripide,
qui périrent tous deux déchirés par la main des
femmes, comme il manqua d'arriver depuis au
pauvre Dassoucy en la ville de Montpellier.

Molière eut ce courage, et il fit un chef-d'œuvre.

Il estimait sans doute que c'est assez de neuf
Muses, et que toute femme qui aspire au titre de
dixième ferait mieux de se renfermer aux soins du
ménage et à l'éducation des enfants. C'était déjà
l'avis de Balzac, qui écrivait à Mme Desloges :

« Je ne saurais estimer les dames qui veulent faire
les cavaliers. Il y a des bornes qui nous séparent, et
qui marquent nos devoirs et nos conditions. Il faut
que les femmes soient tout à fait femmes. Les vertus
de notre sexe ne sont pas celles du leur, et plus elles
veulent imiter les hommes, plus elles s'éloignent de
leur fin. Je m'oppose à ces usurpations d'un sexe
sur l'autre et ne mets pas les Amazones au nombre
des femmes, je les mets au nombre des monstres et

des prodiges[1] »; et, plus tard, à Chapelain : « Il y a longtemps que je me suis déclaré contre cette pédanterie de l'autre sexe, et que j'ai dit que je souffrirais plus volontiers une femme qui a de la barbe, qu'une femme qui fait la savante. Si j'étais modérateur de la police, j'envoierais filer toutes les femmes qui veulent faire des livres, qui se travestissent par l'esprit, qui ont rompu leur rang dans le monde[2] ».

Comme il n'est pas de ruelle sans alcoviste, de cercle féminin sans poète galant, de bel-esprit sans un rival qui l'encense avant de le déchirer, deux types s'imposaient au sujet choisi par Molière.

Il avait un vieux compte à régler avec Charles Cotin, qu'on a appelé « le hibou de la littérature ». Sans parler d'une querelle particulière qui remontait à huit ans et dont on ignore la cause et les détails, Molière se souvenait qu'au temps où il traduisait Lucrèce et étudiait Épicure, Cotin avait publié, sous le titre de Théoclée, ou la vraie philosophie des principes du Monde[3], trois dialogues contre la doctrine des atomes, la morale d'Épicure et ses sectateurs; Lucrèce y est blâmé d'avoir fait l'éloge de

---

1. *Lettres diverses* de M. de Balzac. Livre VII, lettre 43.
2. Lettre XXV à Chapelain, 30 septembre 1638 (*Lettres familières de M. de Balzac*, 1656).
3. 1 vol. in-4°, Paris. 1646. Plusieurs passages du *De Rerum Naturâ* y sont défigurés par une traduction en vers dont Cotin fait lui-même un éloge ampoulé.

ce « misérable grec », et tous deux sont traités de
vieux rêveurs et de visionnaires. Avec quelle irré-
vérence parlait des dieux ce maraud ! Première
cause d'antipathie.

Vingt ans plus tard, au moment de la « guerre de
L'ÉCOLE DES FEMMES » et de l'interdiction du TAR-
TUFFE, il n'est pas difficile de deviner dans quel camp
se trouvait l'aumônier du Roi, et l'on sait qu'au
lendemain du MISANTHROPE Cotin avait dénoncé
Molière au duc de Montausier comme l'ayant joué
sur son théâtre. Dès lors, Molière se crut dispensé de
garder aucun ménagement. Il en fit Tricotin[1], puis
Trissotin, trois fois sot (Cotin n'avait-il pas lui-même
travesti Despréaux en Desvipéraux ?), et livra aux
risées du parterre un sonnet et un madrigal imprimés
depuis plusieurs années dans les Œuvres galantes du
digne sermonnaire, chanoine de Bayeux.

Ce fut là sa seule vengeance ; car le reste du rôle
de Trissotin ne s'applique pas plus à Cotin qu'à
tous les méchants poètes, chenilles du Parnasse, qui
pullulaient alors, les Perrin, les Coras, les de Pure,
les Pelletier, les Colletet, les Chapelain, les Pradon
et autres Lycidas, sans oublier Monsieur Boursault,
qui, dans la préface du Portrait du Peintre, avait
traité Molière avec le dernier mépris[2].

---

1. Molière et Cotin, anecdote en vers, par Senecé
(Edit. Auger. 1805).
2. Boursault se vante d'avoir réduit Molière à la néces-

Nombre d'auteurs ont déclaré la vengeance trop cruelle, et J. Janin a même accusé Molière d'avoir « humilié, ravalé, insulté, écrasé l'homme de lettres et la profession des lettres », d'avoir fait une « action mauvaise ». Mais avant de s'émouvoir d'une fraternelle pitié pour ce pauvre abbé, comme l'a fait même un commentateur des FEMMES SAVANTES, *avocat de* Mlle *de Scudéry et défenseur de Cotin, il faut relire deux libelles diffamatoires, la* Satire des Satires *et la* Critique désintéressée sur les Satires du temps, *qui justifient pleinement les représailles de Molière.*

La publication des premières Satires de Despréaux avait tympanisé l'académicien prédicateur, aux sermons duquel on était plus à l'aise assis qu'on ne l'était debout au parterre du Palais-Royal. Premier grief de Cotin : jalousie de métier, rivalité d'orateurs publics, vieille querelle de la chaire et du

---

sité de « recourir aux invectives pour repousser la Satire qui a mis en plein jour les défauts les plus considérables de ses ouvrages. » « Les grands hommes, dit-il, ne travaillent que lorsqu'il y a de la gloire à acquérir, et c'est dire assez clairement que Molière n'a rien à craindre d'eux. » Il appelle « galimatias » l'*Impromptu de Versailles,* et couronne son beau panégyrique par ces mots perfides : « Je pourrais repousser ses injures par d'autres injures *plus piquantes,* si j'en avais la volonté aussi bien que le droit ; mais je n'y suis pas *accoutumé comme lui;* et puis, cette sorte de vengeance est si *indigne d'un honnête homme,* que *la sienne n'a pas eu lieu de me surprendre.* » Voilà des paroles que Boileau n'aurait jamais dû pardonner à Boursault, surtout après la mort de Molière !

*théâtre. De plus, Molière était l'ami déclaré de Boi-
leau. Cotin et les autres victimes du satirique devaient
envelopper dans la même haine Despréaux et tous
ceux qu'il avait louangés.* La Satire deuxième, dédiée à Molière, *valut au* « rare et fameux esprit »
d'être attaqué dans la Satire des Satires, *attribuée
à Cotin par la voix publique et par l'avertissement
de la* 1re *édition de la* Satire IX, *imprimée en* 1668.

Molière y est traité de « farceur » *et de* « Turlu-
pin », *présenté comme un parasite et un ivrogne* :

> J'ai vu de mauvais vers sans blâmer le poète :
> J'ai lu *ceux de Molière et ne l'ai point sifflé !*
>
> . . . .
>
> Puis, donnant à ses vers une digne matière,
> Comme un de ses Héros *il encense Molière !*
>
> . . . .
>
> A ses vers empruntés *la Béjar applaudit,*
> Il règne sur Parnasse, et *Molière l'a dit* [1].

*Voilà, je pense, des attaques assez personnelles
pour disculper Molière, ennemi-né des mauvais poètes,
d'avoir choisi parmi eux le grotesque abbé, dont
l'outrecuidance et l'infatuation allaient jusqu'à dire :*
« Mon chiffre se compose de deux C enlacés (il s'appelait Charles), *ce qui, par un sens un peu mystique,*

---

1. Quant aux passages de la *Critique désintéressée* si
injurieux pour les comédiens, Molière dut en être vivement touché, lui si fier de sa profession ; mais j'ai peine à
admettre que ce libelle soit, comme on l'a cru, de la même
plume que la *Satire des Satires.*

indique le cercle du Globe, que mes Œuvres em-
plissent ».

Le nom de Cotin appelait forcément celui de Ménage, le Géname de LA PRÉTIEUSE, qui avait eu avec
l'abbé une querelle chez la grande Mademoiselle au
sujet de vers que Ménage n'avait pas approuvés.

Molière connaissait de longue date la scène du
Petit-Luxembourg, qui s'était, dit-on, renouvelée
entre Cotin et Gilles Boileau chez Mme de Nemours.
Molière pouvait choisir entre les deux Gilles, il opta
pour l'abbé Ménage, qui sous ses apparences de
douceur et d'aménité, était l'esprit le plus querelleur
de la République des lettres. D'une vanité démesurée,
en bon angevin qu'il était, d'un orgueil insupportable,
il avait eu maille à partir non seulement avec Cotin,
mais avec l'abbé d'Aubignac, et s'était signalé par
son acharnement cruel contre le parasite Montmaur,
autre pédant. Son bavardage d'avocat, sa perpétuelle
parade d'érudition le désignaient assez au pinceau
de Molière, qui savait qu'aux mercuriales du cloître
Notre-Dame, Ménage et sa coterie avaient déclaré
le poème de Perrault sur la Peinture supérieur à sa
Gloire du Val-de-Grâce. L'amoureux de Mmes de
Lafayette et de Sévigné, le rival de Pélisson dans les
bonnes grâces de Mlle de Scudéry, avait, en outre,
une réputation de fripier de vers, d'

> Ecrivain plagiaire
> Sur le Parnasse vrai corsaire,

qui ne l'empêchait pas d'être un des mieux rentés de tous les beaux esprits. Chargé par Chapelain de dresser un projet de pensions royales, il s'était inscrit lui-même pour 2,000 livres, comme « excellent pour sa critique des pièces ». C'était juste le double de la somme accordée à Molière[1], dont l'esprit de justice saisit cette occasion de rétablir l'équilibre en daubant le savant qui a tout appris, hors à vivre.

Mais ce serait singulièrement diminuer la portée de cet épisode des FEMMES SAVANTES, de n'y voir que l'effet d'une rancune personnelle. Molière a fait là le procès aux écrivassiers et aux savantasses de tous les temps : il a ébauché la Satire des gens de lettres, qui tenta Piron, Voltaire, Palissot, le chevalier Rutlidge et Fabre d'Eglantine, sans qu'aucun ait pu la réaliser, parce qu'aucun n'a eu la force d'oublier sa qualité d'homme de lettres.

Molière l'était si peu, qu'il aurait dit, avec Malherbe : « La poésie ne doit pas être un métier, elle n'est faite que pour l'amusement, et ne mérite aucune récompense, un bon poète n'étant pas plus utile à l'Etat qu'un bon joueur de quilles. » Comme Malherbe, il aurait traité la rime de puérilité, et comme Gorgibus, les sonnets de sornettes. Pour lui,

---

1. Sur cette Liste des pensions de 1663, Chapelain est porté pour 3,000 livres, Corneille pour 2,000, l'abbé Cotin « poète et orateur françois » pour 1,200, et l'abbé de Pure, comme Molière, pour 1,000 livres !

*madrigaux, bouts rimés et ballades étaient des bille-
vesées, des colifichets, des riens sonores, passe-temps
des oisifs et régal des badauds. Philosophe et penseur,
n'ayant pas de recherches de style, il parlait simplement la langue des personnages évoqués par son
génie. Ce chercheur de vérité ne se payait pas de
mots, encore moins de rimes ; il devait regarder les
difficultés du vers comme d'indignes entraves ou
comme jeux d'enfants.*

Poésie, c'est mensonge, et Molière est la vérité.

*Platon bannissait les poètes de sa République.
Sans aller aussi loin peut-être, Molière aurait souhaité sans doute qu'ils fussent plus rares, et que la
qualité compensât le nombre. Lui seul suffisait à son
théâtre : en quinze ans, il ne joua guère que des
rôles conçus et écrits par lui. Les Coqueteau, les
Vizé, les Subligny, les de Prade, les Villedieu n'em-
plissaient pas la caisse du Palais-Royal, mais cau-
saient à son chef, hélas! plus d'un souci : sans
parler des poètes refusés, plus nombreux encore, et
dont nous ne savons pas les noms. Directeur, n'avait-
il pas à essuyer journellement les pires fâcheux qui
soient au monde, ces auteurs implacables, matassins
d'une autre espèce, qui, dans leur poursuite enragée,
ont troqué l'engin funeste à Pourceaugnac contre
un rouleau de papier noirci; c'est le terrible manus-
crit : « il est benin, benin, prenez-le ; lisez, lisez, ou
écoutez ! »*

Et de son temps, le mal n'était pas grand encore :
l'auteur était une exception, son rang était infime
dans l'échelle sociale. A cette époque d'ordre et de
hiérarchie, c'était en quelque sorte déchoir que se
faire imprimer ; un gentilhomme dérogeait qui tom-
bait dans l'encre, et plus d'un répondait fièrement :

> Monsieur, dans ma famille,
> On n'a jamais porté la plume qu'au chapeau !

Nous savons ce que Molière, avec Alceste, pensait
des « vers de qualité ». — Au cabinet, tous ces
rimeurs, qui, prenant l'Univers pour confident de
leurs amours, inondaient de leurs soupirs lan-
goureux les écœurants recueils de Pièces choisies !
Cela sentait le cuistre et le faquin. C'était une marque
de sens et de goût de se taire quand on n'avait rien
à dire, et l'on ne faisait pas encore métier et mar-
chandise de ce qui ne doit être qu'un accident. La
soif de notoriété, le goût du cabotinage n'avaient
pas encore exaspéré cette démangeaison de plume,
ce prurit littéraire sans cesse grandissants, dont
s'alarment nos bibliothèques les plus vastes, impuis-
santes à loger le flot toujours montant du papier.
Depuis que le livre et le journal, conduisant à tout,
autorisent toutes les ambitions, tout le monde écrit,
et il n'y a plus d'écrivains.
Mais Molière pouvait-il prévoir : et le poëte qui
ne rougira pas de prostituer les secrets de son cœur

à la foule imbécile, de battre monnaie avec ses
larmes et ses joies, de trafiquer de ses plus intimes
pensées? et le chroniqueur, inutile bavard, qui se
déshabille en public, ne voyant pas de sujet d'étude
et de causerie plus intéressant que lui-même? et le
journaliste à la tâche qui, n'ayant rien à dire de
son crû, dépouillera les autres par le plagiat ou l'in-
terview, copiste ou reporter, geai paré des plumes
du paon, vrai frelon de la littérature? et le prôneur
de la médiocrité, véhicule du mensonge et de la ré-
clame, porte-voix mercenaire de tous les surfaits?
pouvait-il deviner que la gent de plume deviendrait
une puissance, et une puissance tyrannique?

Alceste s'indignait du sonnet d'Oronte :

Nous avons autre chose à mettre au cabinet !

comme dit le poète d'Une Soirée perdue.

Sans pénétrer dans l'avenir, Molière accusait les
auteurs de son temps, romanciers et faiseurs de vers,
de brouiller la cervelle des femmes, d'en faire des

Pousseuses de tendresse et de beaux sentiments.

La Clélie et le Grand Cyre, comme l'Astrée,
avaient fait bien des victimes, et leur lecture ne pré-
parait pas les femmes aux prosaïques devoirs du
ménage.

Ce sera l'éternelle gloire de Molière, réformateur
et moraliste, d'avoir signalé le danger et rappelé la

femme à son véritable rôle d'épouse et de mère (en est-il un plus noble et plus beau ?), reconnu par tous ceux qui se sont occupés de l'éducation des femmes :

« Contentons-nous de suivre et d'aider la nature », a dit Fénelon, *qui conseille de «* désabuser les filles du bel esprit *», et qui ajoute : « Une femme curieuse, et qui se pique de savoir beaucoup, se flatte d'être un génie supérieur dans son sexe* [1] *» ; disons « supérieur* A *son sexe », et voilà où commence le mal !*

Joseph de Maistre, père de plusieurs filles, écrivait à l'une d'elles : « le grand défaut d'une femme, c'est d'être un homme, et c'est vouloir être homme que vouloir être savante *» ; et il ajoute : «* dès qu'elle veut émuler l'homme, la femme n'est plus qu'un singe *».*

Mgr Dupanloup distingue les femmes studieuses d'avec les savantes [2] *: il s'est en cela rencontré, sans le savoir, avec un protestant, l'auteur anonyme des* Femmes sçavantes *ou* Bibliothèque des Dames, *dédiée par* M. N. C. *«* aux dames sçavantes et studieuses *»* [3] *; en principe, l'évêque d'Orléans donne raison à Molière : «* Dans les femmes instruites, *dit-il, ce n'est pas l'instruction qui déplaît, c'est la*

---

1. *De l'Education des filles* (1687), chap. III, X et XI, et *Avis à une dame de qualité.*

2. *Femmes savantes et femmes studieuses.* Paris, Douniol, in-8°, 1867.

3. 3 vol. in-12. Amsterdam, chez Le Cène, 1718 : ouvrage traduit de l'anglais de Steele, par F.-M. Janiçon.

*prétention ». Mais peut-être Mgr Dupanloup a-t-il
ici un peu trop pensé aux jeunes filles des classes
riches ou aisées ; il eût été moins large pour celles
d'une condition ordinaire, qui forment la majorité.*

*C'est à celles-ci sans doute que l'empereur d'Alle-
magne demande de cultiver journellement les trois K :*
Kirche, Kinder und Küche *(l'Eglise, les Enfants,
la Cuisine). C'est l'idéal du bonhomme Chrysale ;
c'était celui de lord Byron : « Les femmes, disait-il,
devraient s'occuper de leur intérieur, être instruites
de la religion, mais ignorer la poésie et la politique, ne lire que des livres de piété et de cuisine. »*

*On connaît la dure réponse de Napoléon à
Mme de Staël.*

*La femme forte de Salomon se renferme dans son
ménage, travaille, se tait, croit et obéit. La matrone
romaine file de la laine. Un dé, du fil et des aiguilles valent mieux qu'une plume dans une main de
femme. Être mère, voilà sa destinée, sa seule supé-
riorité, sa mission. Une vieille fille, une femme sté-
rile, un bas-bleu n'est qu'une demi-femme, quels
que soient son mérite et son esprit :*

L'esprit n'est pas du tout ce qu'il faut en ménage.

*Et, s'il faut parler de poésie, en est-il au monde
de comparable au spectacle, auguste et touchant
entre tous, d'une jeune mère allaitant l'enfantelet
dont elle va modeler la petite âme à l'image de la*

sienne ? Il suffit que cette faiseuse d'hommes soit simple, modeste, bonne, douce et sensée, pour être l'ange du foyer qu'avait rêvé Molière et qu'il ne rencontra pas, mais dont il fit son Henriette, à la honte des pecques aux doigts tachés d'encre, barbouillées de vaine science, détraquées et révoltées qui, suivant la nature, auraient pu être de bonnes épouses et de bonnes mères, et qui renonçaient à ce devoir béni pour je ne sais quelles orgueilleuses chimères.

Comment une pièce où l'auteur étrillait un aumônier du Roi, prédicateur de la Cour, membre de l'Académie française, favori de la Grande Mademoiselle et protégé du prince de Condé, put-elle se produire sur le théâtre de la troupe du Roi ? Comment encore une comédie, dirigée contre les femmes, put-elle réussir ? c'est ce qu'il est assez difficile de comprendre aujourd'hui, que les moindres audaces de Molière seraient arrêtées par dame Censure, aujourd'hui que les femmes font et défont à leur gré le succès d'une pièce. C'est cependant ce qui arriva sous le tyran Louis XIV, qui déjà avait autorisé, protégé et soutenu la comédie du TARTUFFE.

Non seulement les FEMMES SAVANTES, dont la première avait été donnée sur le théâtre du Palais-Royal le vendredi 11 mars 1672, eurent vingt représentations consécutives, avec une moyenne de 870 livres (comparez aux recettes de DON JUAN, du MISANTHROPE et du BOURGEOIS GENTILHOMME), mais

*elles furent représentées plusieurs fois à la Cour, et
notamment cinq mois jour pour jour après la première, le jeudi 11 août, au château de Saint-Cloud[1],
où Monsieur régalait le Roi d'une fête, organisée
par Guichard, et dont on peut lire la relation dans
la Gazette.*

*Le Mercure Galant, qui venait de se fonder juste
à point pour donner le premier compte rendu d'un
chef-d'œuvre, nous apprend, sous la date du 12 mars,
que Molière s'était justifié d'avoir représenté Cotin,
par une harangue qu'il fit au public deux jours avant
la première de sa pièce. Il constate le succès de la
comédie « qui attire tout Paris », et conseille à tout
le monde de la voir et de s'y divertir.*

*On croit que la pièce aurait été lue d'abord à
Saint-Cloud, quelques jours plus tôt, et l'on sait,
par une lettre de Mme de Sévigné, que Molière devait lire* TRISSOTIN, *chez le cardinal de Retz, le lendemain de la première, c'est-à-dire le samedi
12 mars.*

*L'interprétation fut digne de l'ouvrage ; en voici
la distribution originale :*

CHRYSALE	MOLIÈRE.
CLITANDRE.	La Grange.
ARISTE	Baron.
TRISSOTIN	La Thorillière.

---

1. Registre de La Grange, p. 134, reçu 330 l. —
Registre d'Hubert, 16 août 1672. — *Gazette*, p. 817.

VADIUS	Du Croisy.
JULIEN.	De Brie.
L'EPINE. . . . . ⎱	Beauval.
LE NOTAIRE . . . . ⎰	
PHILAMINTE	Hubert.
ARMANDE . . . . Mlles De Brie.	
HENRIETTE.	Molière.
BÉLISE.	Hervé ou Marotte.
MARTINE.	Beauval.

*Au sujet de ce dernier rôle, je voudrais com-
battre une légende trop facilement reçue, quoiqu'elle
n'ait été mise en circulation qu'un demi-siècle après
la mort de Molière, par le* Mercure *de juillet
1723 : « Martine, une servante de Molière qui portait ce nom. » Il faut être bien étranger aux choses
du théâtre pour accepter les yeux fermés et sans
contrôle, comme l'ont fait Taschereau et ses co-
pistes, une anecdote plus inadmissible encore au
point de vue administratif qu'au point de vue artis-
tique.*

*Il n'est pas impossible que Molière se soit, une
fois et dans une circonstance spéciale, en petit co-
mité, donné l'amusement de faire jouer Martine par
sa propre servante ; mais qu'il lui ait distribué le
rôle et qu'elle l'ait joué en public, le jour d'une
« première » aussi importante, c'est un conte à dor-
mir debout. Ce n'est pas dans une bataille décisive
que Molière eût tenté semblable expérience. Le rôle
dut être écrit d'abord pour Madeleine Béjart, chef
de l'emploi ; mais l'excellente comédienne venait de*

mourir, le 17 février, et Molière dut confier le personnage à Mlle Beauval, qui avait déjà créé — on
sait avec quel succès, — la Nicole du BOURGEOIS, et
la Zerbinette de SCAPIN. Il suffit d'être un peu fami-
liarisé avec les usages des coulisses pour affirmer que
Mlle Beauval n'aurait pas renoncé à un rôle aussi
important, d'un effet aussi sûr, pour le laisser à une
laveuse de vaisselle, qui n'aurait eu, d'ailleurs, ni
l'art, ni l'expérience, ni le goût, ni le métier indis-
pensables pour rendre fidèlement et naïvement la
nature.

Ajoutons qu'à cette date Molière n'avait pas de
servante du nom de Martine : son domestique se
composait du valet Provençal, qui figurait alors et
qui devint comédien de campagne, puis sociétaire ;
d'une fille de chambre Catherine Lemoyne, et
d'une servante Renée Vannier, si populaire sous le
nom de La Forêt. Ni l'une ni l'autre n'avait créé la
Martine du MÉDECIN MALGRÉ LUI ; pourquoi leur
aurait-on donné celle des FEMMES SAVANTES, qui est
beaucoup plus difficile? A défaut de Mlle Beauval,
n'avait-on pas sous la main Mlle Marotte, qui
avait créé la Georgette de l'ECOLE DES FEMMES?
Mais Mlle Beauval n'étant ni malade, ni en couches
(elle n'eut d'enfant, cette année-là [1], qu'en août),

---

1. On a prétendu que Mlle Beauval aurait eu jusqu'à
vingt-huit enfants : Jal n'en a connu que douze, qui est
déjà un joli chiffre.

nous lui attribuerons le rôle de Martine, qu'elle jouait encore treize ans plus tard, à Guénégaud. Si, d'ailleurs, un fait aussi extraordinaire s'était produit au théâtre, Vizé n'en aurait-il pas dit un mot dans son feuilleton du Mercure, qui signale la jeunesse de l'oncle Ariste, représenté par Baron? Son silence suffirait presque à trancher la question.

Nous ne croyons pas davantage à la légende de La Thorillière, se procurant un habit de l'abbé Cotin : c'eût été démentir la harangue de Molière, dont nous avons parlé plus haut.

Grimarest paraît croire que le Roi assistait à la première représentation : il dit que la seconde aurait été donnée à Saint-Cloud, et que Louis XIV y aurait renouvelé son compliment du BOURGEOIS GENTILHOMME à Chambord ; mais nous avons vu que la représentation de Saint-Cloud n'eut lieu qu'en août, et ce fut là sans doute que le Roi vit la pièce pour la première fois; il la revit encore le mois suivant, car les FEMMES SAVANTES furent données à Versailles, le 17 septembre.

Molière joua Chrysale vingt-deux fois, tant à la ville qu'à la Cour.

Après sa mort, la pièce resta au répertoire : c'est encore un de ses chefs-d'œuvre le plus fréquemment et le mieux représentés.

Fleury paraît avoir été le meilleur Clitandre depuis La Grange. Samson, qui l'avait vu dans ce rôle, lui a donné, dans son Art Théâtral, un souvenir qui me paraît résumer les grandes lignes du personnage, et que je transcris :

> Quand Fleury retraçait à nos yeux enchantés
> Ce Clitandre, ennemi des pédantes beautés,
> Esprit plein de *bon sens* et cœur plein de *franchise*,
> Comme de Trissotin il *raillait* la sottise !
> Ce ridicule nom, qu'au public il jetait,
> De sa bouche *moqueuse* avec peine sortait.
> Pour un plat rimailleur, à l'âme vaine et basse,
> Quel *élégant mépris !* quel dégoût plein de *grâce !*
> L'effet était immense et le rire certain
> Au seul nom prononcé de Monsieur Trissotin [1].

Bressant le jouait avec autant de charme que de bonne grâce et de mesure. Quant à Chrysale, je ne crois pas qu'aucun y ait dépassé le regretté Barré, qui n'avait certes pas le style magistral de Provost, mais qui était le personnage même. Mmes Guyon et Nathalie excellaient dans Philaminte, Mme Favart dans Armande. Mmes Emma Fleury et Barretta-Worms sont les meilleures Henriettes que j'aie eu la joie d'applaudir depuis trente ans : on sait que ce rôle était encore le triomphe de Mlle Mars, sexagénaire. M. Got a jadis marqué Trissotin de sa forte empreinte, et, à côté de lui,

---

1. Chant deuxième, p. 5o. — Voir, dans les *Mémoires de Fleury*, l'anecdote du « Permettez-moi, Monsieur... de Fleury », d'une ironie si mordante dans la bouche de Voltaire.

M. Coquelin aîné transmettait dans Vadius la bonne tradition des Samson et des Régnier. Ai-je besoin d'ajouter que Mme Jouassain sera difficilement remplacée dans Bélise ?

Je n'ai pas parlé jusqu'ici des sources des FEMMES SAVANTES, *mais je les ai signalées pour la plupart dans les* Notes. *Il faut citer principalement les emprunts faits aux* VISIONNAIRES *de Desmarets, et aux* ACADÉMISTES *de Saint-Evremond. Une comédie de Calderon :* NO AI BURLAS CON EL AMOR (*On ne badine pas avec l'Amour*), *dans laquelle on trouve une Bélise, peut avoir fourni à Molière quelques détails* [1]. *Mais c'est surtout dans l'*ACADÉMIE DES FEMMES, *de Chappuzeau, qu'on peut relever plusieurs passages imités par Molière : ils ont été recueillis par M. Paul Mesnard, dans l'admirable « édition des* Grands Écrivains ».

A part ces quelques réminiscences, on peut dire qu'ici Molière s'est surtout emprunté à lui-même. Le Gorgibus des PRÉCIEUSES *est devenu, en s'élargissant, le bonhomme Chrysale ; Mascarille et Jodelet reparaissent dans Trissotin et Vadius ; Marotte elle-même est un embryon de Martine, et le chevalier Dorante, de la* CRITIQUE DE L'ECOLE DES FEMMES, *n'a eu qu'à*

---

1. Voir l'avertissement du t. III du *Théâtre espagnol*, de Linguet, 1770. — On trouve aussi une Bélise dans Lope de Vega (*los Melindres de Beliza*).

traduire en vers ses belles tirades sur la Cour et les pédants pour s'immortaliser sous le nom de Clitandre.

J'ai noté les différentes « coupures » que les comédiens ont faites, depuis deux siècles, dans les FEMMES SAVANTES. *Aucune n'a été autorisée par Molière, qui avait cependant sacrifié, pour la scène, quelques passages de son* ECOLE DES FEMMES.

Aujourd'hui, l'on retranche encore soixante vers du 3ᵉ acte, et vingt-quatre du 5ᵉ; mais j'annonce avec joie que la Comédie-Française a l'intention de les rétablir. Ce qui se dit d'Epicure, du vide, des petits corps, de Descartes, de la réforme de la langue, du retranchement de certaines syllabes, peut faire longueur à certaines oreilles : mais ce n'est pas pour celles-là que Molière a parlé. Retrancher ces détails, qui complètent le portrait de nos savantes, et reposent d'ailleurs le spectateur entre deux scènes très mouvementées, c'est ôter sa date à la pièce.

Les FEMMES SAVANTES *furent représentées 239 fois sous Louis XIV : on donnait alors très peu les* PRÉCIEUSES. *Quand, en 1725, on reprit cette petite pièce, il y avait près de trente ans qu'elle n'avait été représentée, et elle n'eut pas alors grand succès, « tellement ce vice d'affectation était hors de mode », dit un contemporain.*

J'ai cependant ouï parler d'une certaine Madame de Lambert, qui ne passait pas, je crois, sa vie à

coudre et à filer, et l'Almanach des Dames Sçavantes françoises pour l'année 1736 (Paris, chez
Guillaume) donnerait à entendre qu'il y avait encore sous Louis XV des femmes entêtées de bel esprit. Pourquoi donc le chevalier de Mouhy dit-il
ingénûment, à l'article des FEMMES SAVANTES : « cette
pièce est toujours revue avec plaisir, quoique ce ne
soit plus le ridicule du temps[1] »? O Geoffrin ! ô
Du Deffand ! ô Lespinasse !

M. Edouard Pailleron a dit ce qu'il pensait de
nos savantes et de nos bas-bleus. Mais quinze ans
ont passé sur le MONDE OU L'ON S'ENNUIE ; il y a
déjà une autre comédie à écrire, ou du moins quelques
scènes à ajouter. Trissotin est toujours de l'Académie : il prêche non plus des sermons, mais des conférences, où l'on n'est pas « assis à l'aise », comme
au temps de Boileau. Vadius est de l'Institut. Philaminte et Bélise suivent assidûment les matinées de la
Sorbonne et les cours de l'Odéon. Armande, candi-
date au divorce, fait de la bicyclette (c'est pour elle
un moyen de porter les culottes) ; elle sort des lycées
de filles, à l'un desquels on a donné — par ironie,
j'imagine — le nom de Lycée-Molière !

GEORGES MONVAL.

---

1. Tablettes dramatiques, 1752, p. 98.

LES
FEMMES SAVANTES

COMÉDIE

ACTEURS.

CHRYSALE, bon bourgeois.
PHILAMINTE, femme de Chrysale.
ARMANDE,
HENRIETTE, } filles de Chrysale et de Philaminte.
ARISTE, frère de Chrysale.
BÉLISE, sœur de Chrysale.
CLITANDRE, amant d'Henriette.
TRISSOTIN, bel esprit.
VADIUS, savant.
MARTINE, servante de cuisine.
L'ÉPINE, laquais.
JULIEN, valet de Vadius.
LE NOTAIRE.

La scène est à Paris.

LES
FEMMES SAVANTES

ACTE PREMIER

SCÈNE PREMIÈRE

ARMANDE, HENRIETTE.

ARMANDE.

Quoi ! le beau nom de fille est un titre, ma sœur,
Dont vous voulez quitter la charmante douceur ?
Et de vous marier vous osez faire fête ?
Ce vulgaire dessein vous peut monter en tête ?

HENRIETTE.

Oui, ma sœur.

ARMANDE.

Ah ! ce « oui » se peut-il supporter !
Et sans un mal de cœur sauroit-on l'écouter ?

HENRIETTE.

Qu'a donc le mariage en soi qui vous oblige,
Ma sœur...

ARMANDE.

Ah ! mon Dieu, fi !

HENRIETTE.

Comment ?

ARMANDE.

Ah ! fi ! vous dis-je.
Ne concevez-vous point ce que, dès qu'on l'entend,
Un tel mot à l'esprit offre de dégoûtant ?
De quelle étrange image on est par lui blessée ?
Sur quelle sale vue il traîne la pensée ?
N'en frissonnez-vous point ? et pouvez-vous, ma sœur,
Aux suites de ce mot résoudre votre cœur ?

HENRIETTE.

Les suites de ce mot, quand je les envisage,
Me font voir un mari, des enfans, un ménage ;
Et je vois rien là, si j'en puis raisonner,
Qui blesse la pensée, et fasse frissonner.

ARMANDE.

De tels attachements, ô Ciel ! sont pour vous plaire !

HENRIETTE.

Et qu'est-ce qu'à mon âge on a de mieux à faire
Que d'attacher à soi, par le titre d'épous,

Un homme qui vous aime, et soit aimé de vous ;
Et de cette union, de tendresse suivie,
Se faire les douceurs d'une innocente vie ?
Ce nœud bien assorti n'a-t-il pas des appas ?

ARMANDE.

Mon Dieu, que votre esprit est d'un étage bas !
Que vous jouez au monde un petit personnage,
De vous claquemurer aux choses du ménage,
Et de n'entrevoir point de plaisirs plus touchans
Qu'un idole d'époux et des marmots d'enfans !
Laissez aux gens grossiers, aux personnes vulgaires,
Les bas amusements de ces sortes d'affaires.
A de plus hauts objets élevez vos désirs,
Songez à prendre un goût des plus nobles plaisirs,
Et traitant de mépris les sens et la matière,
A l'esprit, comme nous, donnez-vous toute entière :
Vous avez notre mère en exemple à vos yeux,
Que du nom de savante on honore en tous lieux ;
Tâchez, ainsi que moi de vous montrer sa fille,
Aspirez aux clartés qui sont dans la famille,
Et vous rendez sensible aux charmantes douceurs
Que l'amour de l'étude épanche dans les cœurs.
Loin d'être aux lois d'un homme en esclave asservie,
Mariez-vous, ma sœur, à la Philosophie,
Qui nous monte au-dessus de tout le genre humain,
Et donne à la Raison l'empire souverain,
Soumettant à ses lois la partie animale
Dont l'appétit grossier aux bêtes nous ravale.
Ce sont là les beaux feux, les doux attachemens,

Qui doivent de la vie occuper les momens;
Et les soins où je vois tant de femmes sensibles
Me paroissent aux yeux des pauvretés horribles.

HENRIETTE.

Le Ciel, dont nous voyons que l'ordre est tout-puissant,
Pour différens emplois nous fabrique en naissant;
Et tout esprit n'est pas composé d'une étoffe
Qui se trouve taillée à faire un philosophe.
Si le vôtre est né propre aux élévations
Où montent des savants les spéculations,
Le mien est fait, ma sœur, pour aller terre à terre,
Et dans les petits soins son faible se resserre.
Ne troublons point du Ciel les justes règlemens,
Et de nos deux instincts suivons les mouvemens.
Habitez, par l'essor d'un grand et beau génie,
Les hautes régions de la Philosophie,
Tandis que mon esprit, se tenant ici-bas,
Goûtera de l'hymen les terrestres appas.
Ainsi dans nos desseins l'une à l'autre contraire,
Nous saurons toutes deux imiter notre mère :
Vous, du côté de l'âme et des nobles désirs,
Moi, du côté des sens et des grossiers plaisirs;
Vous, aux productions d'esprit et de lumière,
Moi, dans celles, ma sœur, qui sont de la matière.

ARMANDE.

Quand sur une personne on prétend se régler,
C'est par les beaux côtés qu'il lui faut ressembler;
Et ce n'est point du tout la prendre pour modèle,
Ma sœur, que de tousser et de cracher comme elle.

HENRIETTE.

Mais vous ne seriez pas ce dont vous vous vantez,
Si ma mère n'eût eu que de ces beaux côtés ;
Et bien vous prend, ma sœur, que son noble génie
N'ait pas vaqué toujours à la Philosophie.
De grâce, souffrez-moi, par un peu de bonté,
Des bassesses à qui vous devez la clarté ;
Et ne supprimez point, voulant qu'on vous seconde,
Quelque petit savant qui veut venir au monde.

ARMANDE.

Je vois que votre esprit ne peut être guéri
Du fol entêtement de vous faire un mari ;
Mais sachons, s'il vous plaît, qui vous songez à prendre ?
Votre visée au moins n'est pas mise à Clitandre ?

HENRIETTE.

Et par quelle raison n'y seroit-elle pas ?
Manque-t-il de mérite ? est-ce un choix qui soit bas ?

ARMANDE.

Non ; mais c'est un dessein qui seroit malhonnête,
Que de vouloir d'une autre enlever la conquête ;
Et ce n'est pas un fait dans le monde ignoré
Que Clitandre ait pour moi hautement soupiré.

HENRIETTE.

Oui ; mais tous ces soupirs chez vous sont choses vaines,
Et vous ne tombez point aux bassesses humaines :
Votre esprit à l'hymen renonce pour toujours,
Et la Philosophie a toutes vos amours.
Ainsi, n'ayant au cœur nul dessein pour Clitandre,
Que vous importe-t-il qu'on y puisse prétendre ?

ARMANDE.

Cet empire que tient la Raison sur les sens
Ne fait pas renoncer aux douceurs des encens ;
Et l'on peut pour époux refuser un mérite
Que pour adorateur on veut bien à sa suite.

HENRIETTE.

Je n'ai pas empêché qu'à vos perfections
Il n'ait continué ses adorations,
Et je n'ai fait que prendre, au refus de votre âme,
Ce qu'est venu m'offrir l'hommage de sa flamme.

ARMANDE.

Mais à l'offre des vœux d'un amant dépité
Trouvez-vous, je vous prie, entière sûreté?
Croyez-vous pour vos yeux sa passion bien forte,
Et qu'en son cœur pour moi toute flamme soit morte?

HENRIETTE.

Il me le dit, ma sœur, et, pour moi, je le croi.

ARMANDE.

Ne soyez pas, ma sœur, d'une si bonne foi,
Et croyez, quand il dit qu'il me quitte et vous aime,
Qu'il n'y songe pas bien, et se trompe lui-même.

HENRIETTE.

Je ne sais ; mais enfin, si c'est votre plaisir,
Il nous est bien aisé de nous en éclaircir :
Je l'aperçois qui vient, et sur cette matière
Il pourra nous donner une pleine lumière.

SCÈNE II

CLITANDRE, ARMANDE, HENRIETTE.

HENRIETTE.

Pour me tirer d'un doute où me jette ma sœur,
Entre elle et moi, Clitandre, expliquez votre cœur,
Découvrez-en le fond, et nous daignez apprendre
Qui de nous à vos vœux est en droit de prétendre.

ARMANDE.

Non, non, je ne veux point à votre passion
Imposer la rigueur d'une explication :
Je ménage les gens, et sais comme embarrasse
Le contraignant effort de ces aveux en face.

CLITANDRE.

Non, Madame, mon cœur, qui dissimule peu,
Ne sent nulle contrainte à faire un libre aveu ;
Dans aucun embarras un tel pas ne me jette,
Et j'avouerai tout haut, d'une âme franche et nette,
Que les tendres liens où je suis arrêté,
                    [*Montrant Henriette.*]
Mon amour et mes vœux, sont tout de ce côté.
Qu'à nulle émotion cet aveu ne vous porte :
Vous avez bien voulu les choses de la sorte.
Vos attraits m'avoient pris, et mes tendres soupirs
Vous ont assez prouvé l'ardeur de mes désirs ;
Mon cœur vous consacroit une flamme immortelle ;

2

Mais vos yeux n'ont pas cru leur conquête assez belle.
J'ai souffert sous leur joug cent mépris différens ;
Ils régnoient sur mon âme en superbes tyrans,
Et je me suis cherché, lassé de tant de peines,
Des vainqueurs plus humains, et de moins rudes chaînes.

[Montrant Henriette.]

Je les ai rencontrés, Madame, dans ces yeux,
Et leurs traits à jamais me seront précieux ;
D'un regard pitoyable ils ont séché mes larmes,
Et n'ont pas dédaigné le rebut de vos charmes.
De si rares bontés m'ont si bien su toucher,
Qu'il n'est rien qui me puisse à mes fers arracher ;
Et j'ose maintenant vous conjurer, Madame,
De ne vouloir tenter nul effort sur ma flamme,
De ne point essayer à rappeler un cœur
Résolu de mourir dans cette douce ardeur.

ARMANDE.

Eh ! qui vous dit, Monsieur, que l'on ait cette envie,
Et que de vous enfin si fort on se soucie ?
Je vous trouve plaisant, de vous le figurer ;
Et bien impertinent, de me le déclarer.

HENRIETTE.

Eh ! doucement, ma sœur. Où donc est la Morale
Qui sait si bien régir la partie animale,
Et retenir la bride aux efforts du courroux ?

ARMANDE.

Mais vous, qui m'en parlez, où la pratiquez-vous,
De répondre à l'amour que l'on vous fait paraître
Sans le congé de ceux qui vous ont donné l'être ?

Sachez que le devoir vous soumet à leurs loix,
Qu'il ne vous est permis d'aimer que par leur choix,
Qu'ils ont sur votre cœur l'autorité suprême,
Et qu'il est criminel d'en disposer vous-même.

HENRIETTE.

Je rends grâce aux bontés que vous me faites voir,
De m'enseigner si bien les choses du devoir.
Mon cœur sur vos leçons veut régler sa conduite ;
Et, pour vous faire voir, ma sœur, que j'en profite,
Clitandre, prenez soin d'appuyer votre amour
De l'agrément de ceux dont j'ai reçu le jour ;
Faites-vous sur mes vœux un pouvoir légitime,
Et me donnez moyen de vous aimer sans crime.

CLITANDRE.

J'y vais de tous mes soins travailler hautement,
Et j'attendois de vous ce doux consentement.

ARMANDE.

Vous triomphez, ma sœur, et faites une mine
A vous imaginer que cela me chagrine.

HENRIETTE.

Moi, ma sœur ? point du tout. Je sais que sur vos sens
Les droits de la Raison sont toujours tout-puissants,
Et que par les leçons qu'on prend dans la Sagesse,
Vous êtes au-dessus d'une telle foiblesse.
Loin de vous soupçonner d'aucun chagrin, je croi
Qu'ici vous daignerez vous employer pour moi,
Appuyer sa demande, et de votre suffrage
Presser l'heureux moment de notre mariage.
Je vous en sollicite ; et, pour y travailler...

ARMANDE.

Votre petit esprit se mêle de railler,
Et d'un cœur qu'on vous jette on vous voit toute fière.

HENRIETTE.

Tout jeté qu'est ce cœur, il ne vous déplaît guère ;
Et, si vos yeux sur moi le pouvoient ramasser,
Ils prendroient aisément le soin de se baisser.

ARMANDE.

A répondre à cela je ne daigne descendre,
Et ce sont sots discours qu'il ne faut pas entendre.

HENRIETTE.

C'est fort bien fait à vous, et vous nous faites voir
Des modérations qu'on ne peut concevoir.

SCÈNE III

CLITANDRE, HENRIETTE.

HENRIETTE.

Votre sincère aveu ne l'a pas peu surprise.

CLITANDRE.

Elle mérite assez une telle franchise,
Et toutes les hauteurs de sa folle fierté
Sont dignes tout au moins de ma sincérité.
Mais, puisqu'il m'est permis, je vais à votre père,
Madame...

HENRIETTE.

Le plus sûr est de gagner ma mère :
Mon père est d'une humeur à consentir à tout,
Mais il met peu de poids aux choses qu'il résout;
Il a reçu du Ciel certaine bonté d'âme
Qui le soumet d'abord à ce que veut sa femme;
C'est elle qui gouverne, et d'un ton absolu
Elle dicte pour loi ce qu'elle a résolu.
Je voudrois bien vous voir pour elle, et pour ma tante,
Une âme, je l'avoue, un peu plus complaisante,
Un esprit qui, flattant les visions du leur,
Vous pût de leur estime attirer la chaleur.

CLITANDRE.

Mon cœur n'a jamais pu, tant il est né sincère,
Même dans votre sœur flatter leur caractère,
Et les Femmes Docteurs ne sont point de mon goût.
Je consens qu'une femme ait des clartés de tout,
Mais je ne lui veux point la passion choquante
De se rendre savante afin d'être savante;
Et j'aime que souvent, aux questions qu'on fait,
Elle sache ignorer les choses qu'elle sait ;
De son étude enfin je veux qu'elle se cache,
Et qu'elle ait du savoir sans vouloir qu'on le sache,
Sans citer les auteurs, sans dire de grands mots,
Et clouer de l'esprit à ses moindres propos.
Je respecte beaucoup madame votre mère,
Mais je ne puis du tout approuver sa chimère,
Et me rendre l'écho des choses qu'elle dit
Aux encens qu'elle donne à son héros d'esprit.

Son monsieur Trissotin me chagrine, m'assomme,
Et j'enrage de voir qu'elle estime un tel homme,
Qu'elle nous mette au rang des grands et beaux esprits
Un benêt dont partout on siffle les écrits,
Un pédant dont on voit la plume libérale
D'officieux papiers fournir toute la Halle.

HENRIETTE.

Ses écrits, ses discours, tout m'en semble ennuyeux,
Et je me trouve assez votre goût et vos yeux;
Mais, comme sur ma mère il a grande puissance,
Vous devez vous forcer à quelque complaisance.
Un amant fait sa cour où s'attache son cœur;
Il veut de tout le monde y gagner la faveur,
Et, pour n'avoir personne à sa flamme contraire,
Jusqu'au chien du logis il s'efforce de plaire.

CLITANDRE.

Oui, vous avez raison; mais monsieur Trissotin
M'inspire au fond de l'âme un dominant chagrin.
Je ne puis consentir, pour gagner ses suffrages,
A me déshonorer en prisant ses ouvrages;
C'est par eux qu'à mes yeux il a d'abord paru,
Et je le connoissois avant que l'avoir vu.
Je vis, dans le fatras des écrits qu'il nous donne,
Ce qu'étale en tous lieux sa pédante personne,
La constante hauteur de sa présomption,
Cette intrépidité de bonne opinion,
Cet insolent état de confiance extrême
Qui le rend en tout temps si content de soi-même,
Qui fait qu'à son mérite incessamment il rit,

Qu'il se sait si bon gré de tout ce qu'il écrit,
Et qu'il ne voudroit pas changer sa renommée
Contre tous les honneurs d'un général d'armée.

HENRIETTE.

C'est avoir de bons yeux, que de voir tout cela.

CLITANDRE.

Jusques à sa figure encor la chose alla,
Et je vis, par les vers qu'à la tête il nous jette,
De quel air il falloit que fût fait le poète ;
Et j'en avois si bien deviné tous les traits
Que, rencontrant un homme un jour dans le Palais,
Je gageai que c'étoit Trissotin en personne,
Et je vis qu'en effet la gageure étoit bonne.

HENRIETTE.

Quel conte !

CLITANDRE.

Non : je dis la chose comme elle est.
Mais je vois votre tante. Agréez, s'il vous plaît,
Que mon cœur lui déclare ici notre mystère,
Et gagne sa faveur auprès de votre mère.

SCÈNE IV

CLITANDRE, BÉLISE.

CLITANDRE.

Souffrez, pour vous parler, Madame, qu'un amant

Prenne l'occasion de cet heureux moment,
Et se découvre à vous de la sincère flamme...

BÉLISE.

Ah ! tout beau ! Gardez-vous de m'ouvrir trop votre âme.
Si je vous ai su mettre au rang de mes amans,
Contentez-vous des yeux pour vos seuls truchemens,
Et ne m'expliquez point par un autre langage
Des désirs qui chez moi passent pour un outrage.
Aimez-moi, soupirez, brûlez pour mes appas,
Mais qu'il me soit permis de ne le savoir pas.
Je puis fermer les yeux sur vos flammes secrètes,
Tant que vous vous tiendrez aux muets interprètes ;
Mais, si la bouche vient à s'en vouloir mêler,
Pour jamais de ma vue il vous faut exiler.

CLITANDRE.

Des projets de mon cœur ne prenez point d'alarme.
Henriette, Madame, est l'objet qui me charme,
Et je viens ardemment conjurer vos bontés
De seconder l'amour que j'ai pour ses beautés.

BÉLISE.

Ah ! certes le détour est d'esprit, je l'avoue.
Ce subtil faux fuyant mérite qu'on le loue ;
Et, dans tous les romans où j'ai jeté les yeux,
Je n'ai rien rencontré de plus ingénieux.

CLITANDRE.

Ceci n'est point du tout un trait d'esprit, Madame,
Et c'est un pur aveu de ce que j'ai dans l'âme.
Les Cieux, par les liens d'une immuable ardeur,
Aux beautés d'Henriette ont attaché mon cœur ;

Henriette me tient sous son aimable empire,
Et l'hymen d'Henriette est le bien où j'aspire :
Vous y pouvez beaucoup, et tout ce que je veux,
C'est que vous y daigniez favoriser mes vœux.

BÉLISE.

Je vois où doucement veut aller la demande,
Et je sais sous ce nom ce qu'il faut que j'entende.
La figure est adroite, et, pour n'en point sortir,
Aux choses que mon cœur m'offre à vous repartir,
Je dirai qu'Henriette à l'hymen est rebelle,
Et que sans rien prétendre il faut brûler pour elle.

CLITANDRE.

Eh ! Madame, à quoi bon un pareil embarras?
Et pourquoi voulez-vous penser ce qui n'est pas ?

BÉLISE.

Mon Dieu, point de façons; cessez de vous défendre
De ce que vos regards m'ont souvent fait entendre.
Il suffit que l'on est contente du détour
Dont s'est adroitement avisé votre amour,
Et que, sous la figure où le respect l'engage,
On veut bien se résoudre à souffrir son hommage,
Pourvu que ses transports, par l'honneur éclairés,
N'offrent à mes autels que des vœux épurés.

CLITANDRE.

Mais...

BÉLISE.

Adieu. Pour ce coup, ceci doit vous suffire,
Et je vous ai plus dit que je ne voulois dire.

Femmes savantes.   3

CLITANDRE.

Mais votre erreur...

BÉLISE.

Laissez. Je rougis maintenant,
Et ma pudeur s'est fait un effort surprenant.

CLITANDRE.

Je veux être pendu si je vous aime, et sage...

BÉLISE.

Non, non, je ne veux rien entendre davantage.

[*Elle sort.*]

CLITANDRE.

Diantre soit de la folle avec ses visions !
A-t-on rien vu d'égal à ces prétentions?
Allons commettre un autre au soin que l'on me donne,
Et prenons le secours d'une sage personne.

ACTE II

SCÈNE PREMIÈRE

ARISTE, *quittant Clitandre et lui parlant encore.*

Oui, je vous porterai la réponse au plus tôt;
    J'appuierai, presserai, ferai tout ce qu'il faut...
Qu'un amant, pour un mot, a de choses à dire !
Et qu'impatiemment il veut ce qu'il désire !
Jamais...

SCÈNE II

CHRYSALE, ARISTE.

ARISTE.
Ah ! Dieu vous gard', mon frère.
CHRYSALE.
Et vous aussi,
Mon frère.

ARISTE.

Savez-vous ce qui m'amène ici ?

CHRYSALE.

Non ; mais, si vous voulez, je suis prêt à l'apprendre.

ARISTE.

Depuis assez longtemps vous connoissez Clitandre ?

CHRYSALE.

Sans doute, et je le vois qui fréquente chez nous.

ARISTE.

En quel estime est-il, mon frère, auprès de vous ?

CHRYSALE.

D'homme d'honneur, d'esprit, de cœur, et de conduite ;
Et je vois peu de gens qui soient de son mérite.

ARISTE.

Certain désir qu'il a, conduit ici mes pas ;
Et je me réjouis que vous en fassiez cas.

CHRYSALE.

Je connus feu son père en mon voyage à Rome.

ARISTE.

Fort bien.

CHRYSALE.

C'étoit, mon frère, un fort bon gentilhomme.

ARISTE.

On le dit.

CHRYSALE.

Nous n'avions alors que vingt-huit ans,
Et nous étions, ma foi, tous deux de Vert-galans.

ARISTE.

Je le crois.

CHRYSALE.

Nous donnions chez les dames romaines,
Et tout le monde là parloit de nos fredaines ;
Nous faisions des jaloux.

ARISTE.

Voilà qui va des mieux.
Mais venons au sujet qui m'amène en ces lieux.

SCÈNE III

BÉLISE, CHRYSALE, ARISTE.

ARISTE.

Clitandre auprès de vous me fait son interprète,
Et son cœur est épris des grâces d'Henriette.

CHRYSALE.

Quoi ! de ma fille ?

ARISTE.

Oui, Clitandre en est charmé,
Et je ne vis jamais amant plus enflammé.

BÉLISE, [à Ariste.]

Non, non, je vous entends ; vous ignorez l'histoire,
Et l'affaire n'est pas ce que vous pouvez croire.

ARISTE.

Comment, ma sœur ?

BÉLISE.

Clitandre abuse vos esprits,

Et c'est d'un autre objet que son cœur est épris.

ARISTE.

Vous raillez. Ce n'est pas Henriette qu'il aime ?

BÉLISE.

Non, j'en suis assurée.

ARISTE.

Il me l'a dit lui-même.

BÉLISE.

Eh ! oui.

ARISTE.

Vous me voyez, ma sœur, chargé par lui
D'en faire la demande à son père aujourd'hui.

BÉLISE.

Fort bien.

ARISTE.

Et son amour même m'a fait instance
De presser les moments d'une telle alliance.

BÉLISE.

Encor mieux. On ne peut tromper plus galamment.
Henriette, entre nous, est un amusement,
Un voile ingénieux, un prétexte, mon frère,
A couvrir d'autres feux dont je sais le mystère,
Et je veux bien tous deux vous mettre hors d'erreur.

ARISTE.

Mais, puisque vous savez tant de choses, ma sœur,
Dites-nous, s'il vous plaît, cet autre objet qu'il aime ?

BÉLISE.

Vous le voulez savoir ?

ARISTE.

Oui. Quoi ?

BÉLISE.

Moi.

ARISTE.

Vous ?

BÉLISE.

Moi-même.

ARISTE.

Hai, ma sœur !

BÉLISE.

Qu'est-ce donc que veut dire ce « hai » ?
Et qu'a de surprenant le discours que je fai ?
On est faite d'un air, je pense, à pouvoir dire
Qu'on n'a pas pour un cœur soumis à son empire ;
Et Dorante, Damis, Cléonte, et Lycidas
Peuvent bien faire voir qu'on a quelques appas.

ARISTE.

Ces gens vous aiment ?

BÉLISE.

Oui, de toute leur puissance.

ARISTE.

Ils vous l'ont dit ?

BÉLISE.

Aucun n'a pris cette licence :
Ils m'ont su révérer si fort jusqu'à ce jour,
Qu'ils ne m'ont jamais dit un mot de leur amour ;
Mais pour m'offrir leur cœur, et vouer leur service,
Les muets truchements ont tous fait leur office.

ARISTE.

On ne voit presque point céans venir Damis.

BÉLISE.

C'est pour me faire voir un respect plus soumis.

ARISTE.

De mots piquants partout Dorante vous outrage.

BÉLISE.

Ce sont emportements d'une jalouse rage.

ARISTE.

Cléonte et Lycidas ont pris femme tous deux.

BÉLISE.

C'est par un désespoir où j'ai réduit leurs feux.

ARISTE.

Ma foi, ma chère sœur, vision toute claire.

CHRYSALE.

De ces chimères-là vous devez vous défaire.

BÉLISE.

Ah ! chimères ! Ce sont des chimères, dit-on !
Chimères, moi ! Vraiment, chimères est fort bon !
Je me réjouis fort de chimères, mes frères,
Et je ne savois pas que j'eusse des chimères.

SCÈNE IV

CHRYSALE, ARISTE.

CHRYSALE.

Notre sœur est folle, oui.

ARISTE.

Cela croît tous les jours.
Mais, encore une fois, reprenons le discours.
Clitandre vous demande Henriette pour femme :
Voyez quelle réponse on doit faire à sa flamme.

CHRYSALE.

Faut-il le demander? J'y consens de bon cœur,
Et tiens son alliance à singulier honneur.

ARISTE.

Vous savez que de bien il n'a pas l'abondance,
Que...

CHRYSALE.

C'est un intérêt qui n'est pas d'importance :
Il est riche en vertu, cela vaut des trésors;
Et puis son père et moi n'étions qu'un en deux corps.

ARISTE.

Parlons à votre femme, et voyons à la rendre
Favorable...

CHRYSALE.

Il suffit, je l'accepte pour gendre.

ARISTE.

Oui; mais, pour appuyer votre consentement,
Mon frère, il n'est pas mal d'avoir son agrément :
Allons...

CHRYSALE.

Vous moquez-vous? Il n'est pas nécessaire.
Je réponds de ma femme, et prends sur moi l'affaire.

ARISTE.

Mais...

4

CHRYSALE.

Laissez faire, dis-je, et n'appréhendez pas.
Je la vais disposer aux choses, de ce pas.

ARISTE.

Soit. Je vais là-dessus sonder votre Henriette,
Et reviendrai savoir...

CHRYSALE.

C'est une affaire faite,
Et je vais à ma femme en parler sans délai.

SCÈNE V

MARTINE, CHRYSALE.

MARTINE.

Me voilà bien chanceuse ! Hélas ! l'an dit bien vrai :
Qui veut noyer son chien, l'accuse de la rage ;
Et service d'autrui n'est pas un héritage.

CHRYSALE.

Qu'est-ce donc ? Qu'avez-vous, Martine ?

MARTINE.

Ce que j'ai ?

CHRYSALE.

Oui ?

MARTINE.

J'ai que l'an me donne aujourd'hui mon congé,
Monsieur.

CHRYSALE.

Votre congé?

MARTINE.

Oui. Madame me chasse.

CHRYSALE.

Je n'entends pas cela. Comment?

MARTINE.

On me menace,

Si je ne sors d'ici, de me bailler cent coups.

CHRYSALE.

Non, vous demeurerez; je suis content de vous.

Ma femme bien souvent a la tête un peu chaude,

Et je ne veux pas, moi...

SCÈNE VI

PHILAMINTE, BÉLISE, CHRYSALE, MARTINE.

PHILAMINTE.

Quoi! je vous vois, maraude?

Vite, sortez, friponne; allons, quittez ces lieux,

Et ne vous présentez jamais devant mes yeux.

CHRYSALE.

Tout doux!

PHILAMINTE.

Non, c'en est fait.

CHRYSALE.

Eh !

PHILAMINTE.

Je veux qu'elle sorte.

CHRYSALE.

Mais qu'a-t-elle commis, pour vouloir de la sorte...

PHILAMINTE.

Quoi ! vous la soutenez ?

CHRYSALE.

En aucune façon.

PHILAMINTE.

Prenez-vous son parti contre moi ?

CHRYSALE.

Mon Dieu, non.

Je ne fais seulement que demander son crime.

PHILAMINTE.

Suis-je pour la chasser sans cause légitime ?

CHRYSALE.

Je ne dis pas cela ; mais il faut de nos gens. . .

PHILAMINTE.

Non, elle sortira, vous dis-je, de céans.

CHRYSALE.

Hé bien, oui. Vous dit-on quelque chose là-contre ?

PHILAMINTE.

Je ne veux point d'obstacle aux désirs que je montre.

CHRYSALE.

D'accord.

PHILAMINTE.

Et vous devez, en raisonnable époux,

Etre pour moi contre elle, et prendre mon courroux.

CHRYSALE.

[*Se tournant vers Martine.*]

Aussi fais-je. Oui, ma femme avec raison vous chasse,
Coquine, et votre crime est indigne de grâce.

MARTINE.

Qu'est-ce donc que j'ai fait?

CHRYSALE, [*bas*].

                Ma foi, je ne sais pas.

PHILAMINTE.

Elle est d'humeur encor à n'en faire aucun cas.

CHRYSALE.

A-t-elle, pour donner matière à votre haine,
Cassé quelque miroir, ou quelque porcelaine?

PHILAMINTE.

Voudrois-je la chasser, et vous figurez-vous
Que pour si peu de chose on se mette en courroux?

CHRYSALE.

[*A Martine.*]   [*A Philaminte.*]
Qu'est-ce à dire? L'affaire est donc considérable?

PHILAMINTE.

Sans doute. Me voit-on femme déraisonnable?

CHRYSALE.

Est-ce qu'elle a laissé, d'un esprit négligent,
Dérober quelque aiguière, ou quelque plat d'argent?

PHILAMINTE.

Cela ne seroit rien.

CHRYSALE, [à *Martine*].
Oh ! oh ! Peste, la belle !
[*A Philaminte.*]
Quoi ! l'avez-vous surprise à n'être pas fidèle ?

PHILAMINTE.
C'est pis que tout cela.

CHRYSALE.
Pis que tout cela ?

PHILAMINTE.
Pis.

CHRYSALE [à *Martine*].
[*A Philaminte.*]
Comment diantre, friponne ! Euh ! a-t-elle commis...

PHILAMINTE.
Elle a, d'une insolence à nulle autre pareille,
Après trente leçons, insulté mon oreille
Par l'impropriété d'un mot sauvage et bas
Qu'en termes décisifs condamne Vaugelas.

CHRYSALE.
Est-ce là...

PHILAMINTE.
Quoi ! toujours, malgré nos remontrances,
Heurter le fondement de toutes les sciences,
La Grammaire, qui sait régenter jusqu'aux rois,
Et les fait la main haute obéir à ses lois ?

CHRYSALE.
Du plus grand des forfaits je la croyois coupable.

PHILAMINTE.
Quoi ! vous ne trouvez pas ce crime impardonnable ?

CHRYSALE.

Si fait.

PHILAMINTE.

Je voudrois bien que vous l'excusassiez !

CHRYSALE.

Je n'ai garde.

BÉLISE.

Il est vrai que ce sont des pitiés :
Toute construction est par elle détruite,
Et des lois du Langage on l'a cent fois instruite.

MARTINE.

Tout ce que vous prêchez est, je crois, bel et bon ;
Mais je ne saurois, moi, parler votre jargon.

PHILAMINTE.

L'impudente ! appeler un jargon le langage
Fondé sur la Raison et sur le bel usage !

MARTINE.

Quand on se fait entendre, on parle toujours bien,
Et tous vos biaux dictons ne servent pas de rien.

PHILAMINTE.

Hé bien, ne voilà pas encore de son style !
Ne servent pas de rien !

BÉLISE.

Ô cervelle indocile !
Faut-il qu'avec les soins qu'on prend incessamment,
On ne te puisse apprendre à parler congrûment !
De *pas*, mis avec *rien*, tu fais la récidive,
Et c'est, comme on t'a dit, trop d'une négative.

MARTINE.

Mon Dieu ! je n'avons pas étugué comme vous,
Et je parlons tout droit comme on parle cheux nous.

PHILAMINTE.

Ah ! peut-on y tenir ?

BÉLISE.

Quel solécisme horrible !

PHILAMINTE.

En voilà pour tuer une oreille sensible !

BÉLISE.

Ton esprit, je l'avoue, est bien matériel.
Je, n'est que singulier ; *avons*, est pluriel,
Veux-tu toute ta vie offenser la Grammaire ?

MARTINE.

Qui parle d'offenser grand'mère, ni grand-père ?

PHILAMINTE.

O Ciel !

BÉLISE.

Grammaire est prise à contre-sens par toi,
Et je t'ai dit déjà d'où vient ce mot.

MARTINE.

                    Ma foi,
Qu'il vienne de Chaillot, d'Hauteuil, ou de Pontoise,
Cela ne me fait rien.

BÉLISE.

                    Quelle âme villageoise !
La Grammaire, du verbe et du nominatif,
Comme de l'adjectif avec le substantif,
Nous enseigne les lois.

MARTINE.

J'ai, Madame, à vous dire
Que je ne connois point ces gens-là.

PHILAMINTE.

Quel martyre !

BÉLISE.

Ce sont les noms des mots, et l'on doit regarder
En quoi c'est qu'il les faut faire ensemble accorder.

MARTINE.

Qu'ils s'accordent entr'eux, ou se gourment, qu'importe ?

PHILAMINTE, *à sa sœur.*

Eh ! mon Dieu, finissez un discours de la sorte.
    (*A son mari.*)
Vous ne voulez pas, vous, me la faire sortir ?

CHRYSALE.

[*A part.*]
Si fait. A son caprice il me faut consentir.
Va, ne l'irrite point ; retire-toi, Martine.

PHILAMINTE.

Comment ! vous avez peur d'offenser la coquine ?
Vous lui parlez d'un ton tout-à-fait obligeant !

CHRYSALE.

[*D'un ton ferme.*]
Moi ? point. Allons, sortez.
                    (*Bas.*)
Va-t'en, ma pauvre enfant.

SCÈNE VII

PHILAMINTE, CHRYSALE, BÉLISE.

CHRYSALE.

Vous êtes satisfaite, et la voilà partie ;
Mais je n'approuve point une telle sortie :
C'est une fille propre aux choses qu'elle fait,
Et vous me la chassez pour un maigre sujet.

PHILAMINTE.

Vous voulez que toujours je l'aye à mon service,
Pour mettre incessamment mon oreille au supplice ?
Pour rompre toute loi d'usage et de raison
Par un barbare amas de vices d'oraison,
De mots estropiés, cousus par intervalles,
De proverbes traînés dans les ruisseaux des Halles ?

BÉLISE.

Il est vrai que l'on sue à souffrir ses discours.
Elle y met Vaugelas en pièces tous les jours ;
Et les moindres défauts de ce grossier génie
Sont ou le pléonasme, ou la cacophonie.

CHRYSALE.

Qu'importe qu'elle manque aux lois de Vaugelas,
Pourvu qu'à la cuisine elle ne manque pas ?
J'aime bien mieux, pour moi, qu'en épluchant ses herbes,
Elle accommode mal les noms avec les verbes,

Et redise cent fois un bas ou méchant mot,
Que de brûler ma viande, ou saler trop mon pot.
Je vis de bonne soupe, et non de beau langage.
Vaugelas n'apprend point à bien faire un potage ;
Et Malherbe et Balzac, si savants en beaux mots,
En cuisine peut-être auroient été des sots.

PHILAMINTE.

Que ce discours grossier terriblement assomme !
Et quelle indignité, pour ce qui s'appelle homme,
D'être baissé sans cesse aux soins matériels,
Au lieu de se hausser vers les spirituels !
Le corps, cette guenille, est-il d'une importance,
D'un prix à mériter seulement qu'on y pense ?
Et ne devons-nous pas laisser cela bien loin ?

CHRYSALE.

Oui, mon corps est moi-même, et j'en veux prendre soin :
Guenille si l'on veut, ma guenille m'est chère.

BÉLISE.

Le corps avec l'esprit fait figure, mon frère ;
Mais, si vous en croyez tout le monde savant,
L'esprit doit sur le corps prendre le pas devant ;
Et notre plus grand soin, notre première instance,
Doit être à le nourrir du suc de la Science.

CHRYSALE.

Ma foi, si vous songez à nourrir votre esprit,
C'est de viande bien creuse, à ce que chacun dit ;
Et vous n'avez nul soin, nulle sollicitude,
Pour...

PHILAMINTE.

Ah ! *sollicitude* à mon oreille est rude ;
Il pue étrangement son ancienneté.

BÉLISE.

Il est vrai que le mot est bien collet-monté.

CHRYSALE.

Voulez-vous que je dise ? Il faut qu'enfin j'éclate,
Que je lève le masque, et décharge ma rate.
De folles on vous traite, et j'ai fort sur le cœur...

PHILAMINTE.

Comment donc ?

CHRYSALE, [à *Bélise*].

C'est à vous que je parle, ma sœur.
Le moindre solécisme en parlant vous irrite ;
Mais vous en faites, vous, d'étranges en conduite.
Vos livres éternels ne me contentent pas,
Et, hors un gros Plutarque à mettre mes rabats,
Vous devriez brûler tout ce meuble inutile,
Et laisser la Science aux docteurs de la ville ;
M'ôter, pour faire bien, du grenier de céans,
Cette longue lunette à faire peur aux gens,
Et cent brimborions dont l'aspect importune ;
Ne point aller chercher ce qu'on fait dans la Lune,
Et vous mêler un peu de ce qu'on fait chez vous,
Où nous voyons aller tout sans-dessus-dessous.
Il n'est pas bien honnête, et pour beaucoup de causes,
Qu'une femme étudie, et sache tant de choses :
Former aux bonnes mœurs l'esprit de ses enfans,
Faire aller son ménage, avoir l'œil sur ses gens,

Et régler la dépense avec économie,
Doit être son étude et sa philosophie.
Nos pères, sur ce point, étoient gens bien sensés,
Qui disoient qu'une femme en sait toujours assez
Quand la capacité de son esprit se hausse
A connoître un pourpoint d'avec un haut-de-chausse.
Les leurs ne lisoient point, mais elles vivoient bien ;
Leurs ménages étoient tout leur docte entretien,
Et leurs livres, un dé, du fil et des aiguilles,
Dont elles travailloient au trousseau de leurs filles.
Les femmes d'à présent sont bien loin de ces mœurs :
Elles veulent écrire, et devenir auteurs ;
Nulle science n'est pour elles trop profonde,
Et céans beaucoup plus qu'en aucun lieu du monde.
Les secrets les plus hauts s'y laissent concevoir,
Et l'on sait tout chez moi, hors ce qu'il faut savoir.
On y sait comme vont Lune, Étoile Polaire,
Vénus, Saturne, et Mars, dont je n'ai point affaire ;
Et, dans ce vain savoir, qu'on va chercher si loin,
On ne sait comme va mon pot, dont j'ai besoin.
Mes gens à la Science aspirent pour vous plaire,
Et tous ne font rien moins que ce qu'ils ont à faire ;
Raisonner est l'emploi de toute ma maison,
Et le raisonnement en bannit la Raison.
L'un me brûle mon rôt en lisant quelque histoire,
L'autre rêve à des vers quand je demande à boire ;
Enfin je vois par eux votre exemple suivi,
Et j'ai des serviteurs, et ne suis point servi.
Une pauvre servante au moins m'étoit restée,

Qui de ce mauvais air n'étoit point infectée,
Et voilà qu'on la chasse avec un grand fracas,
A cause qu'elle manque à parler Vaugelas.
Je vous le dis, ma sœur, tout ce train-là me blesse
(Car c'est, comme j'ai dit, à vous que je m'adresse);
Je n'aime point céans tous vos gens à latin,
Et principalement ce monsieur Trissotin.
C'est lui qui dans des vers vous a tympanisées ;
Tous les propos qu'il tient sont des billevesées :
On cherche ce qu'il dit après qu'il a parlé,
Et je lui crois, pour moi, le timbre un peu fêlé.

PHILAMINTE.

Quelle bassesse, ô Ciel, et d'âme, et de langage !

BÉLISE.

Est-il de petits Corps un plus lourd assemblage ?
Un esprit composé d'Atomes plus bourgeois ?
Et de ce même sang se peut-il que je sois !
Je me veux mal de mort d'être de votre race,
Et de confusion j'abandonne la place.

SCÈNE VIII

PHILAMINTE, CHRYSALE.

PHILAMINTE.

Avez-vous à lâcher encore quelque trait ?

CHRYSALE.

Moi? Non. Ne parlons plus de querelle : c'est fait.
Discourons d'autre affaire. A votre fille aînée
On voit quelque dégoût pour les nœuds d'hymenée ;
C'est une philosophe enfin, je n'en dis rien ;
Elle est bien gouvernée, et vous faites fort bien.
Mais de toute autre humeur se trouve sa cadette,
Et je crois qu'il est bon de pourvoir Henriette,
De choisir un mari...

PHILAMINTE.

C'est à quoi j'ai songé,
Et je veux vous ouvrir l'intention que j'ai.
Ce monsieur Trissotin dont on nous fait un crime,
Et qui n'a pas l'honneur d'être dans votre estime,
Est celui que je prends pour l'époux qu'il lui faut,
Et je sais mieux que vous juger de ce qu'il vaut :
La contestation est ici superflue,
Et de tout point chez moi l'affaire est résolue.
Au moins ne dites mot du choix de cet épous :
Je veux à votre fille en parler avant vous.
J'ai des raisons à faire approuver ma conduite,
Et je connoîtrai bien si vous l'aurez instruite.

SCÈNE IX

ARISTE, CHRYSALE.

ARISTE.

Hé bien ? La femme sort, mon frère, et je vois bien
Que vous venez d'avoir ensemble un entretien.

CHRYSALE.

Oui.

ARISTE.

Quel est le succès ? Aurons-nous Henriette ?
A-t-elle consenti ? l'affaire est-elle faite ?

CHRYSALE.

Pas tout à fait encor.

ARISTE.

Refuse-t-elle ?

CHRYSALE.

Non.

ARISTE.

Est-ce qu'elle balance ?

CHRYSALE.

En aucune façon.

ARISTE.

Quoi donc ?

CHRYSALE.

C'est que pour gendre elle m'offre un autre homme.

ARISTE.

Un autre homme pour gendre ?

CHRYSALE.

Un autre.

ARISTE.

Qui se nomme ?

CHRYSALE,

Monsieur Trissotin.

ARISTE.

Quoi ! ce monsieur Trissotin...

CHRYSALE.

Oui, qui parle toujours de vers et de latin.

ARISTE.

Vous l'avez accepté ?

CHRYSALE.

Moi ? point, à Dieu ne plaise !

ARISTE.

Qu'avez-vous répondu ?

CHRYSALE.

Rien ; et je suis bien aise
De n'avoir point parlé, pour ne m'engager pas.

ARISTE.

La raison est fort belle, et c'est faire un grand pas.
Avez-vous su du moins lui proposer Clitandre ?

CHRYSALE.

Non : car, comme j'ai vu qu'on parloit d'autre gendre,
J'ai cru qu'il étoit mieux de ne m'avancer point.

ARISTE.

Certes, votre prudence est rare au dernier point !

6

N'avez-vous point de honte avec votre mollesse ?
Et se peut-il qu'un homme ait assez de foiblesse
Pour laisser à sa femme un pouvoir absolu,
Et n'oser attaquer ce qu'elle a résolu ?

CHRYSALE.

Mon Dieu, vous en parlez, mon frère, bien à l'aise,
Et vous ne savez pas comme le bruit me pèse.
J'aime fort le repos, la paix, et la douceur,
Et ma femme est terrible avecque son humeur.
Du nom de Philosophe elle fait grand mystère,
Mais elle n'en est pas pour cela moins colère ;
Et sa Morale, faite à mépriser le bien,
Sur l'aigreur de sa bile opère comme rien.
Pour peu que l'on s'oppose à ce que veut sa tête,
On en a pour huit jours d'effroyable tempête.
Elle me fait trembler dès qu'elle prend son ton ;
Je ne sais où me mettre, et c'est un vrai dragon.
Et cependant, avec toute sa diablerie,
Il faut que je l'appelle, et mon cœur, et ma mie.

ARISTE.

Allez, c'est se moquer. Votre femme, entre nous,
Est, par vos lâchetés, souveraine sur vous.
Son pouvoir n'est fondé que sur votre foiblesse ;
C'est de vous qu'elle prend le titre de maîtresse ;
Vous-même à ses hauteurs vous vous abandonnez,
Et vous faites mener, en bête, par le nez.
Quoi ! vous ne pouvez pas, voyant comme on vous nomme
Vous résoudre une fois à vouloir être un homme ?
A faire condescendre une femme à vos vœux,

Et prendre assez de cœur pour dire un « Je le veux » ?
Vous laisserez sans honte immoler votre fille
Aux folles visions qui tiennent la famille,
Et de tout votre bien revêtir un nigaut
Pour six mots de latin qu'il leur fait sonner haut ?
Un pédant qu'à tous coups votre femme apostrophe
Du nom de bel esprit et de grand philosophe,
D'homme qu'en vers galants jamais on n'égala,
Et qui n'est, comme on sait, rien moins que tout cela ?
Allez, encor un coup, c'est une moquerie,
Et votre lâcheté mérite qu'on en rie.

CHRYSALE.

Oui, vous avez raison, et je vois que j'ai tort.
Allons, il faut enfin montrer un cœur plus fort,
Mon frère.

ARISTE.

　　C'est bien dit.

CHRYSALE.

　　　　C'est une chose infâme
Que d'être si soumis au pouvoir d'une femme.

ARISTE.

Fort bien.

CHRYSALE.

　　De ma douceur elle a trop profité.

ARISTE.

Il est vrai.

CHRYSALE.

Trop joui de ma facilité.

ARISTE.

Sans doute.

CHRYSALE.

Et je lui veux faire aujourd'hui connoître
Que ma fille est ma fille, et que j'en suis le maître
Pour lui prendre un mari qui soit selon mes vœux.

ARISTE.

Vous voilà raisonnable, et comme je vous veux.

CHRYSALE.

Vous êtes pour Clitandre, et savez sa demeure :
Faites-le-moi venir, mon frère, tout à l'heure.

ARISTE.

J'y cours tout de ce pas.

CHRYSALE.

C'est souffrir trop longtemps,
Et je m'en vais être homme à la barbe des gens.

ACTE III

—

SCÈNE PREMIÈRE

PHILAMINTE, ARMANDE, BÉLISE, TRISSOTIN.

PHILAMINTE.

Aʜ! mettons-nous ici pour écouter à l'aise
Ces vers que mot à mot il est besoin qu'on pèse.

ARMANDE.

Je brûle de les voir.

BÉLISE.

Et l'on s'en meurt chez nous.

PHILAMINTE, [à *Trissotin.*]

Ce sont charmes pour moi, que ce qui part de vous.

ARMANDE.

Ce m'est une douceur à nulle autre pareille.

BÉLISE.

Ce sont repas friands qu'on donne à mon oreille.

PHILAMINTE.

Ne faites point languir de si pressants désirs.

ARMANDE.

Dépêchez.

BÉLISE.

Faites tôt, et hâtez nos plaisirs.

PHILAMINTE.

A notre impatience offrez votre épigramme.

TRISSOTIN, [à Philaminte.]

Hélas ! c'est un enfant tout nouveau-né, Madame.
Son sort assurément a lieu de vous toucher,
Et c'est dans votre cour que j'en viens d'accoucher.

PHILAMINTE.

Pour me le rendre cher, il suffit de son père.

TRISSOTIN.

Votre approbation lui peut servir de mère.

BÉLISE.

Qu'il a d'esprit !

SCÈNE II

HENRIETTE, PHILAMINTE, ARMANDE, BELISE, TRISSOTIN, L'ÉPINE.

PHILAMINTE, [à Henriette, qui veut se retirer.]

Hola ! pourquoi donc fuyez-vous ?

HENRIETTE.

C'est de peur de troubler un entretien si doux.

PHILAMINTE.

Approchez, et venez de toutes vos oreilles
Prendre part au plaisir d'entendre des merveilles.

HENRIETTE.

Je sais peu les beautés de tout ce qu'on écrit,
Et ce n'est pas mon fait que les choses d'esprit.

PHILAMINTE.

Il n'importe. Aussi bien ai-je à vous dire ensuite
Un secret dont il faut que vous soyez instruite.

TRISSOTIN, [à Henriette].

Les sciences n'ont rien qui vous puisse enflammer,
Et vous ne vous piquez que de savoir charmer.

HENRIETTE.

Aussi peu l'un que l'autre ; et je n'ai nulle envie...

BÉLISE.

Ah ! songeons à l'enfant nouveau-né, je vous prie.

PHILAMINTE, [à L'Epine.]

Allons, petit garçon, vite, de quoi s'asseoir.

(Le laquais tombe avec la chaise.)

Voyez l'impertinent ! Est-ce que l'on doit choir,
Après avoir appris l'équilibre des choses ?

BÉLISE.

De ta chute, ignorant, ne vois-tu pas les causes,
Et qu'elle vient d'avoir du point fixe écarté
Ce que appelons centre de gravité ?

L'ÉPINE.

Je m'en suis aperçu, Madame, étant par terre.

PHILAMINTE.

Le lourdaud !

TRISSOTIN.

Bien lui prend de n'être pas de verre.

ARMANDE.

Ah ! de l'esprit partout !

BÉLISE.

Cela ne tarit pas.

[*Ils s'asseyent.*]

PHILAMINTE.

Servez-nous promptement votre aimable repas.

TRISSOTIN.

Pour cette grande faim qu'à mes yeux on expose,
Un plat seul de huit vers me semble peu de chose,
Et je pense qu'ici je ne ferai pas mal
De joindre à l'épigramme, ou bien au madrigal,
Le ragoût d'un sonnet qui chez une princesse
A passé pour avoir quelque délicatesse.
Il est de sel attique assaisonné partout,
Et vous le trouverez, je crois, d'assez bon goût.

ARMANDE.

Ah ! je n'en doute point.

PHILAMINTE.

Donnons vite audience.

BÉLISE. (*A chaque fois qu'il veut lire, elle l'interrompt.*)
Je sens d'aise mon cœur tressaillir par avance.
J'aime la Poésie avec entêtement,
Et surtout quand les vers sont tournés galamment.

PHILAMINTE.

Si nous parlons toujours, il ne pourra rien dire.

TRISSOTIN.

SO...

BÉLISE, [*à Henriette, qui ne dit mot.*]
Silence, ma nièce.

TRISSOTIN.

SONNET

A LA PRINCESSE URANIE

SUR SA FIÈVRE

Votre prudence est endormie,
De traiter magnifiquement,
Et de loger superbement
Votre plus cruelle ennemie.

BÉLISE.

Ah ! le joli début !

ARMANDE.

Qu'il a le tour galant !

PHILAMINTE.

Lui seul des vers aisés possède le talent !

ARMANDE.

A *prudence endormie* il faut rendre les armes.

BÉLISE.

Loger son ennemie est pour moi plein de charmes.

PHILAMINTE.

J'aime *superbement* et *magnifiquement;*
Ces deux adverbes joints font admirablement.

BÉLISE.

Prêtons l'oreille au reste.

Femmes savantes.   7

TRISSOTIN.

Votre prudence est endormie,
De traiter magnifiquement,
Et de loger superbement
Votre plus cruelle ennemie.

ARMANDE.

Prudence endormie !

BÉLISE.

Loger son ennemie !

PHILAMINTE.

Superbement et magnifiquement !

TRISSOTIN.

Faites-la sortir, quoi qu'on die,
De votre riche appartement,
Où cette ingrate insolemment
Attaque votre belle vie.

BÉLISE.

Ah ! tout doux, laissez-moi, de grâce, respirer.

ARMANDE.

Donnez-nous, s'il vous plaît, le loisir d'admirer.

PHILAMINTE.

On se sent, à ces vers, jusqu'au fond de l'âme
Couler je ne sais quoi qui fait que l'on se pâme.

ARMANDE.

Faites-la sortir, quoi qu'on die,
De votre riche appartement.
Que *riche appartement* est là joliment dit !
Et que la métaphore est mise avec esprit !

PHILAMINTE.

Faites-la sortir, quoi qu'on die.

Ah ! que ce *quoi qu'on die* est d'un goût admirable!

C'est, à mon sentiment, un endroit impayable.

ARMANDE.

De *quoi qu'on die* aussi mon cœur est amoureux.

BÉLISE.

Je suis de votre avis, *quoi qu'on die* est heureux.

ARMANDE.

Je voudrois l'avoir fait.

BÉLISE.

Il vaut tout une pièce.

PHILAMINTE.

Mais en comprend-on bien, comme moi, la finesse?

ARMANDE ET BÉLISE.

Oh ! oh !

PHILAMINTE.

Faites-la sortir, quoi qu'on die.

Que de la fièvre on prenne ici les intérêts,

N'ayez aucun égard, moquez-vous des caquets.

Faites-la sortir, quoi qu'on die,

Quoi qu'on die, quoi qu'on die !

Ce *quoi qu'on die* en dit beaucoup plus qu'il ne semble.

Je ne sais pas, pour moi, si chacun me ressemble,

Mais j'entends là-dessous un million de mots.

BÉLISE.

Il est vrai qu'il dit plus de choses qu'il n'est gros.

PHILAMINTE, [*à Trissotin.*]

Mais quand vous avez fait ce charmant *quoi qu'on die,*

Avez-vous compris, vous, toute son énergie?
Songiez-vous bien vous-même à tout ce qu'il nous dit,
Et pensiez-vous alors y mettre tant d'esprit?

TRISSOTIN.

Hay! hay!

ARMANDE.

J'ai fort aussi l'*ingrate* dans la tête,
Cette ingrate de fièvre, injuste, malhonnête,
Qui traite mal les gens qui la logent chez eux.

PHILAMINTE.

Enfin les quatrains sont admirables tous deux.
Venons-en promptement aux tiercets, je vous prie.

ARMANDE.

Ah! s'il vous plaît, encore une fois *quoi qu'on die.*

TRISSOTIN.

Faites-la sortir, quoi qu'on die...

PHILAMINTE, ARMANDE ET BÉLISE.

Quoi qu'on die!

TRISSOTIN.

De votre riche appartement...

PHILAMINTE, ARMANDE ET BÉLISE.

Riche appartement!

TRISSOTIN.

Où cette ingrate insolemment...

PHILAMINTE, ARMANDE ET BÉLISE.

Cette *ingrate* de fièvre!

TRISSOTIN.

Attaque votre belle vie.

PHILAMINTE.

Votre belle vie !

ARMANDE ET BÉLISE.

Ah !

TRISSOTIN.

Quoi ! sans respecter votre rang,
Elle se prend à votre sang,

PHILAMINTE, ARMANDE ET BÉLISE.

Ah !

TRISSOTIN.

Et nuit et jour vous fait outrage !

Si vous la conduisez aux bains,
Sans la marchander davantage,
Noyez-la de vos propres mains.

PHILAMINTE.

On n'en peut plus !

BÉLISE.

On pâme.

ARMANDE.

On se meurt de plaisir.

PHILAMINTE.

De mille doux frissons vous vous sentez saisir.

ARMANDE.

Si vous la conduisez aux bains,

BÉLISE.

Sans la marchander davantage,

PHILAMINTE.

Noyez-la de vos propres mains.

De vos propres mains, là, noyez-la dans les bains.

ARMANDE.

Chaque pas dans vos vers rencontre un trait charmant.

BÉLISE.

Partout on s'y promène avec ravissement.

PHILAMINTE.

On n'y sauroit marcher que sur de belles choses.

ARMANDE.

Ce sont petits chemins tout parsemés de roses.

TRISSOTIN.

Le sonnet donc vous semble...

PHILAMINTE.

Admirable, nouveau,
Et personne jamais n'a rien fait de si beau.

BÉLISE, [à Henriette.]

Quoi ! sans émotion pendant cette lecture ?
Vous faites là, ma nièce, une étrange figure !

HENRIETTE.

Chacun fait ici bas la figure qu'il peut,
Ma tante ; et bel esprit, il ne l'est pas qui veut.

TRISSOTIN.

Peut-être que mes vers importunent Madame.

HENRIETTE.

Point, je n'écoute pas.

PHILAMINTE.

[A Trissotin.]
Ah ! Voyons l'épigramme.

TRISSOTIN.

SUR UN CAROSSE

DE COULEUR AMARANTE

DONNÉ A UNE DAME DE SES AMIES.

PHILAMINTE.

Ses titres ont toujours quelque chose de rare.

ARMANDE.

A cent beaux traits d'esprit leur nouveauté prépare.

TRISSOTIN.

L'Amour si chèrement m'a vendu son lien...

BÉLISE, ARMANDE ET PHILAMINTE.

Ah !

TRISSOTIN.

Qu'il m'en coûte déjà la moitié de mon bien.
Et, quand tu vois ce beau carrosse
Où tant d'or se relève en bosse
Qu'il étonne tout le pays,
Et fait pompeusement triompher ma Laïs...

PHILAMINTE.

Ah ! *ma Laïs !* Voilà de l'érudition.

BÉLISE.

L'enveloppe est jolie, et vaut un million.

TRISSOTIN.

Et, quand tu vois ce beau carrosse
Où tant d'or se relève en bosse
Qu'il étonne tout le pays,

Et fait pompeusement triompher ma Laïs,
Ne dis plus qu'il est amarante,
Dis plutôt qu'il est de ma rente.

ARMANDE.

Oh ! oh ! oh ! celui-là ne s'attend point du tout.

PHILAMINTE.

On n'a que lui qui puisse écrire de ce goût.

BÉLISE.

Ne dis plus qu'il est amarante,
Dis plutôt qu'il est de ma rente.

Voilà qui se décline : *ma rente, de ma rente, à ma rente.*

PHILAMINTE.

Je ne sais, du moment que je vous ai connu,
Si sur votre sujet j'ai l'esprit prévenu,
Mais j'admire partout vos vers et votre prose.

TRISSOTIN.

Si vous vouliez de vous nous montrer quelque chose,
A notre tour aussi nous pourrions admirer.

PHILAMINTE.

Je n'ai rien fait en vers ; mais j'ai lieu d'espérer
Que je pourrai bientôt vous montrer en amie
Huit chapitres du plan de notre Académie.
Platon s'est au projet simplement arrêté,
Quand de sa République il a fait le traité ;
Mais à l'effet entier je veux pousser l'idée
Que j'ai sur le papier en prose accommodée :
Car enfin je me sens un étrange dépit
Du tort que l'on nous fait du côté de l'esprit ;
Et je veux nous venger, toutes tant que nous sommes,

De cette indigne classe où nous rangent les hommes,
De borner nos talents à des futilités
Et nous fermer la porte aux sublimes clartés.

ARMANDE.

[C'est faire à notre sexe une trop grande offence,
De n'étendre l'effort de notre intelligence
Qu'à juger d'une jupe, et de l'air d'un manteau,
Ou des beautés d'un point, ou d'un brocard nouveau.

BÉLISE.

Il faut se relever de ce honteux partage,
Et mettre hautement notre esprit hors de page.

TRISSOTIN.

Pour les dames on sait mon respect en tous lieux ;
Et, si je rends hommage aux brillants de leurs yeux,
De leur esprit aussi j'honore les lumières.

PHILAMINTE.

Le Sexe aussi vous rend justice en ces mâtières ;
Mais nous voulons montrer à de certains esprits,
Dont l'orgueilleux savoir nous traite avec mépris,
Que de science aussi les femmes sont meublées ;
Qu'on peut faire comme eux de doctes assemblées,
Conduites en cela par des ordres meilleurs ;
Qu'on y veut réunir ce qu'on sépare ailleurs,
Mêler le beau langage et les hautes sciences,
Découvrir la Nature en mille expériences,
Et, sur les questions qu'on pourra proposer,
Faire entrer chaque secte, et n'en point épouser.

TRISSOTIN.

Je m'attache, pour l'ordre, au Péripatétisme.

8

PHILAMINTE.

Pour les abstractions, j'aime le Platonisme.

ARMANDE.

Épicure me plaît, et ses dogmes sont forts.

BÉLISE.

Je m'accommode assez, pour moi, des petits Corps ;
Mais le Vide à souffrir me semble difficile,
Et je goûte bien mieux la matière subtile.

TRISSOTIN.

Descartes, pour l'aimant, donne fort dans mon sens.

ARMANDE.

J'aime ses tourbillons.

PHILAMINTE.

　　　　　Moi, ses mondes tombans.

ARMANDE.

Il me tarde de voir notre assemblée ouverte,
Et de nous signaler par quelque découverte.

TRISSOTIN.

[On en attend beaucoup de vos vives clartés,
Et pour vous la Nature a peu d'obscurités.

PHILAMINTE.

Pour moi, sans me flatter, j'en ai déjà fait une,
Et j'ai vu clairement des hommes dans la Lune.

BÉLISE.

Je n'ai point encor vu d'hommes, comme je crois,
Mais j'ai vu des clochers tout comme je vous vois.

ARMANDE.

Nous approfondirons, ainsi que la physique,
Grammaire, histoire, vers, morale et politique.

PHILAMINTE.

La morale a des traits dont mon cœur est épris,
Et c'étoit autrefois l'amour des grands esprits ;
Mais aux Stoïciens je donne l'avantage,
Et je ne trouve rien de si beau que leur Sage.

ARMANDE.

Pour la Langue, on verra dans peu nos règlements,
Et nous y prétendons faire des remuements.
Par une antipathie ou juste, ou naturelle,
Nous avons pris chacune une haine mortelle
Pour un nombre de mots, soit ou verbes, ou noms,
Que mutuellement nous nous abandonnons ;
Contre eux nous préparons de mortelles sentences,
Et nous devons ouvrir nos doctes conférences
Par les proscriptions de tous ces mots divers
Dont nous voulons purger et la prose et les vers.

PHILAMINTE.

Mais le plus beau projet de notre Académie,
Une entreprise noble, et dont je suis ravie,
Un dessein plein de gloire, et qui sera vanté
Chez tous les beaux esprits de la postérité,
C'est le retranchement de ces syllabes sales
Qui dans les plus beaux mots produisent des scandales,
Ces jouets éternels des sots de tous les temps,
Ces fades lieux communs de nos méchants plaisants,
Ces sources d'un amas d'équivoques infâmes
Dont on vient faire insulte à la pudeur des femmes.]

TRISSOTIN.

Voilà certainement d'admirables projets !

BÉLISE.

Vous verrez nos statuts quand ils seront tous faits.

TRISSOTIN.

Ils ne sauroient manquer d'être tous beaux et sages.

ARMANDE.

Nous serons par nos lois les juges des ouvrages.
Par nos lois, prose et vers, tout nous sera soumis.
Nul n'aura de l'esprit, hors nous et nos amis.
Nous chercherons partout à trouver à redire,
Et ne verrons que nous qui sache bien écrire.

SCÈNE III

L'ÉPINE, TRISSOTIN, PHILAMINTE, BÉLISE, ARMANDE, HENRIETTE, VADIUS.

L'ÉPINE, [à Trissotin.]

Monsieur, un homme est là qui veut parler à vous.
Il est vêtu de noir et parle d'un ton doux.

(Ils se lèvent.)

TRISSOTIN.

C'est cet ami savant qui m'a fait tant d'instance
De lui donner l'honneur de votre connoissance.

PHILAMINTE.

Pour le faire venir vous avez tout crédit.

[A Armande et à Bélise.]

Faisons bien les honneurs au moins de notre esprit.

[A Henriette, qui veut sortir.]
Hola ! je vous ai dit, en paroles bien claires,
Que j'ai besoin de vous.

HENRIETTE.

                    Mais pour quelles affaires ?

PHILAMINTE.

Venez, on va dans peu vous les faire savoir.

TRISSOTIN, *[présentant Vadius.]*

Voici l'homme qui meurt du désir de vous voir.
En vous le produisant, je ne crains point le blâme
D'avoir admis chez vous un profane, Madame :
Il peut tenir son coin parmi de beaux esprits.

PHILAMINTE.

La main qui le présente en dit assez le prix.

TRISSOTIN.

Il a des vieux auteurs la pleine intelligence,
Et sait du grec, Madame, autant qu'homme de France.

PHILAMINTE, *[à Bélise.]*

Du grec, ô Ciel ! du grec ! Il sait du grec, ma sœur !

BÉLISE, *[à Armande.]*

Ah ! ma nièce, du grec !

ARMANDE.

                    Du grec ! quelle douceur !

PHILAMINTE.

Quoi ! Monsieur sait du grec ? Ah ! permettez, de grâce,
Que pour l'amour du grec, Monsieur, on vous embrasse.

(Il les baise toutes, jusques à Henriette,
qui le refuse.)

HENRIETTE.

Excusez-moi, Monsieur, je n'entends pas le grec.

[*Ils s'asseyent.*]

PHILAMINTE.

J'ai pour les livres grecs un merveilleux respect.

VADIUS.

Je crains d'être fâcheux par l'ardeur qui m'engage
A vous rendre aujourd'hui, Madame, mon hommage ;
Et j'aurai pu troubler quelque docte entretien.

PHILAMINTE.

Monsieur, avec du grec on ne peut gâter rien.

TRISSOTIN.

Au reste, il fait merveille en vers ainsi qu'en prose,
Et pourroit, s'il vouloit, vous montrer quelque chose.

VADIUS.

Le défaut des auteurs dans leurs productions,
C'est d'en tyranniser les conversations ;
D'être au Palais, au Cours, aux ruelles, aux tables,
De leurs vers fatigants lecteurs infatigables.
Pour moi, je ne vois rien de plus sot, à mon sens,
Qu'un auteur qui partout va gueuser des encens ;
Qui, des premiers venus saisissant les oreilles,
En fait le plus souvent les martyrs de ses veilles.
On ne m'a jamais vu ce fol entêtement,
Et d'un Grec là-dessus je suis le sentiment,
Qui par un dogme exprès défend à tous ses sages
L'indigne empressement de lire leurs ouvrages.
Voici de petits vers pour de jeunes amants,
Sur quoi je voudrois bien avoir vos sentiments.

TRISSOTIN.

Vos vers ont des beautés que n'ont point tous les autres.

VADIUS.

Les Grâces et Vénus règnent dans tous les vôtres.

TRISSOTIN.

Vous avez le tour libre, et le beau choix des mots.

VADIUS.

On voit partout chez vous l'*ithos* et le *pathos*.

TRISSOTIN.

Nous avons vu de vous des églogues d'un style
Qui passe en doux attraits Théocrite et Virgile.

VADIUS.

Vos odes ont un air noble, galant et dous,
Qui laisse de bien loin votre Horace après vous.

TRISSOTIN.

Est-il rien d'amoureux comme vos chansonnettes?

VADIUS.

Peut-on voir rien d'égal aux sonnets que vous faites?

TRISSOTIN.

Rien qui soit plus charmant que vos petits rondeaux?

VADIUS.

Rien de si plein d'esprit que tous vos madrigaux?

TRISSOTIN.

Aux ballades surtout vous êtes admirable.

VADIUS.

Et dans les bouts rimés je vous trouve adorable.

TRISSOTIN.

Si la France pouvoit connaître votre prix,

VADIUS.

Si le siècle rendoit justice aux beaux esprits,

TRISSOTIN.

En carrosse doré vous iriez par les rues.

VADIUS.

On verroit le public vous dresser des statues.
Hom ! C'est une ballade, et je veux que tout net
Vous m'en...

TRISSOTIN, [à Vadius.]

Avez-vous vu certain petit sonnet
Sur la fièvre qui tient la princesse Uranie ?

VADIUS.

Oui, hier il me fut lu dans une compagnie.

TRISSOTIN.

Vous en savez l'auteur ?

VADIUS.

Non ; mais je sais fort bien
Qu'à ne le point flatter, son sonnet ne vaut rien.

TRISSOTIN.

Beaucoup de gens pourtant le trouvent admirable.

VADIUS.

Cela n'empêche pas qu'il ne soit misérable ;
Et, si vous l'avez vu, vous serez de mon goût.

TRISSOTIN.

Je sais que là-dessus je n'en suis point du tout,
Et que d'un tel sonnet peu de gens sont capables.

VADIUS.

Me préserve le Ciel d'en faire de semblables !

TRISSOTIN.

Je soutiens qu'on ne peut en faire de meilleur ;
Et ma grande raison, c'est que j'en suis l'auteur.

VADIUS.

Vous ?

TRISSOTIN.

Moi.

VADIUS.

Je ne sais donc comment se fit l'affaire.

TRISSOTIN.

C'est qu'on fut malheureux de ne pouvoir vous plaire.

VADIUS.

Il faut qu'en écoutant j'aye eu l'esprit distrait,
Ou bien que le lecteur m'ait gâté le sonnet.
Mais laissons ce discours, et voyons ma ballade.

TRISSOTIN.

La ballade, à mon goût, est une chose fade.
Ce n'en est plus la mode, elle sent son vieux temps.

VADIUS.

La ballade pourtant charme beaucoup de gens.

TRISSOTIN.

Cela n'empêche pas qu'elle ne me déplaise.

VADIUS.

Elle n'en reste pas pour cela plus mauvaise.

TRISSOTIN.

Elle a pour les pédants de merveilleux appas.

VADIUS.

Cependant nous voyons qu'elle ne vous plaît pas.

[*Ils se lèvent tous.*]

TRISSOTIN.

Vous donnez sottement vos qualités aux autres.

VADIUS.

Fort impertinemment vous me jetez les vôtres.

TRISSOTIN.

Allez, petit grimaud, barbouilleur de papier.

VADIUS.

Allez, rimeur de balle, opprobre du métier.

TRISSOTIN.

Allez, fripier d'écrits, impudent plagiaire.

VADIUS.

Allez, cuistre...

PHILAMINTE.

Eh ! Messieurs, que prétendez-vous faire.

TRISSOTIN.

Va, va restituer tous les honteux larcins
Que réclament sur toi les Grecs et les Latins.

VADIUS.

Va, va-t'en faire amende honorable au Parnasse,
D'avoir fait à tes vers estropier Horace.

TRISSOTIN.

Souviens-toi de ton livre, et de son peu de bruit.

VADIUS.

Et toi, de ton libraire à l'hôpital réduit.

TRISSOTIN.

Ma gloire est établie, en vain tu la déchires.

VADIUS.

Oui, oui, je te renvoie à l'auteur des *Satires*.

TRISSOTIN.

Je t'y renvoie aussi.

VADIUS.

J'ai le contentement.

Qu'on voit qu'il m'a traité plus honorablement.
Il me donne en passant une atteinte légère
Parmi plusieurs auteurs qu'au Palais on révère;
Mais jamais dans ses vers il ne te laisse en paix,
Et l'on t'y voit partout être en butte à ses traits.

TRISSOTIN.

C'est par là que j'y tiens un rang plus honorable.
Il te met dans la foule, ainsi qu'un misérable;
Il croit que c'est assez d'un coup pour t'accabler,
Et ne t'a jamais fait l'honneur de redoubler;
Mais il m'attaque à part, comme un noble aversaire
Sur qui tout son effort lui semble nécessaire;
Et ses coups, contre moi redoublés en tous lieux,
Montrent qu'il ne se croit jamais victorieux.

VADIUS.

Ma plume t'apprendra quel homme je puis être.

TRISSOTIN.

Et la mienne saura te faire voir ton maître.

VADIUS.

Je te défie en vers, prose, grec, et latin.

TRISSOTIN.

Hé bien! nous nous verrons seul à seul chez Barbin.

[*Vadius sort.*]

SCÈNE IV

TRISSOTIN, PHILAMINTE, ARMANDE, BÉLISE, HENRIETTE.

TRISSOTIN.

A mon emportement ne donnez aucun blâme :
C'est votre jugement que je défends, Madame,
Dans le sonnet qu'il a l'audace d'attaquer.

PHILAMINTE.

A vous remettre bien je me veux appliquer.
Mais parlons d'autre affaire. Approchez, Henriette.
Depuis assez longtemps mon âme s'inquiète
De ce qu'aucun esprit en vous ne se fait voir ;
Mais je trouve un moyen de vous en faire avoir.

HENRIETTE.

C'est prendre un soin pour moi qui n'est pas nécessaire :
Les doctes entretiens ne sont point mon affaire ;
J'aime à vivre aisément, et dans tout ce qu'on dit
Il faut se trop peiner pour avoir de l'esprit.
C'est une ambition que je n'ai point en tête.
Je me trouve fort bien, ma mère, d'être bête,
Et j'aime mieux n'avoir que de communs propos
Que de me tourmenter pour dire de beaux mots.

PHILAMINTE.

Oui, mais j'y suis blessée, et ce n'est pas mon conte
De souffrir dans mon sang une pareille honte.

La beauté du visage est un frêle ornement,
Une fleur passagère, un éclat d'un moment,
Et qui n'est attaché qu'à la simple épiderme ;
Mais celle de l'esprit est inhérente et ferme.
J'ai donc cherché longtemps un biais de vous donner
La beauté que les ans ne peuvent moissonner,
De faire entrer chez vous le désir des sciences,
De vous insinuer les belles connoissances ;
Et la pensée enfin où mes vœux ont souscrit,
C'est d'attacher à vous un homme plein d'esprit ;
Et cet homme est Monsieur, que je vous détermine
A voir comme l'époux que mon choix vous destine.

HENRIETTE.

Moi, ma mère ?

PHILAMINTE.

    Oui, vous. Faites la sotte un peu.

BÉLISE, [à *Trissotin*].

Je vous entends : vos yeux demandent mon aveu,
Pour engager ailleurs un cœur que je possède.
Allez, je le veux bien. A ce nœud je vous cède :
C'est un hymen qui fait votre établissement.

TRISSOTIN, [à *Henriette*].

Je ne sais que vous dire, en mon ravissement,
Madame ; et cet hymen dont je vois qu'on m'honore
Me met...

HENRIETTE.

    Tout beau, Monsieur ! il n'est pas fait encore ;
Ne vous pressez pas tant.

PHILAMINTE.

Comme vous répondez !
Savez-vous bien que si... ? Suffit, vous m'entendez.
      [A Trissotin.]
Elle se rendra sage. Allons, laissons-la faire.

SCÈNE V

HENRIETTE, ARMANDE.

ARMANDE.

On voit briller pour vous les soins de notre mère ;
Et son choix ne pouvoit d'un plus illustre épous...

HENRIETTE.

Si le choix est si beau, que ne le prenez-vous ?

ARMANDE.

C'est à vous, non à moi, que sa main est donnée.

HENRIETTE.

Je vous le cède tout, comme à ma sœur aînée.

ARMANDE.

Si l'hymen, comme à vous, me paroissoit charmant,
J'accepterois votre offre avec ravissement.

HENRIETTE.

Si j'avois, comme vous, les pédants dans la tête,
Je pourrois le trouver un parti fort honnête.

ARMANDE.

Cependant, bien qu'ici nos goûts soient différents,

Nous devons obéir, ma sœur, à nos parents ;
Une mère a sur nous une entière puissance,
Et vous croyez en vain par votre résistance...

SCÈNE VI

CHRYSALE, ARISTE, CLITANDRE, HENRIETTE, ARMANDE.

CHRYSALE, [à *Henriette, en lui présentant Clitandre*].
Allons, ma fille, il faut approuver mon dessein.
Otez ce gant. Touchez à Monsieur dans la main,
Et le considérez désormais dans votre âme ·
En homme dont je veux que vous soyez la femme.

ARMANDE.
De ce côté, ma sœur, vos penchants sont fort grands.

HENRIETTE.
Il nous faut obéir, ma sœur, à nos parents ;
Un père a sur nos vœux une entière puissance.

ARMANDE.
Une mère a sa part à notre obéissance.

CHRYSALE.
Qu'est-ce à dire ?

ARMANDE.
Je dis que j'appréhende fort
Qu'ici ma mère et vous ne soyez pas d'accord,
Et c'est un autre époux...

CHRYSALE.

Taisez-vous, péronnelle !
Allez philosopher tout le soûl avec elle,
Et de mes actions ne vous mêlez en rien.
Dites-lui ma pensée, et l'avertissez bien
Qu'elle ne vienne pas m'échauffer les oreilles.
Allons, vite.

ARISTE.

Fort bien ; vous faites des merveilles.

CLITANDRE.

Quel transport ! quelle joie ! Ah ! que mon sort est doux !

CHRYSALE, [à Clitandre].

Allons, prenez sa main, et passez devant nous,
Menez-là dans sa chambre. Ah ! les douces caresses !

[A Ariste.]

Tenez, mon cœur s'émeut à toutes ces tendresses ;
Cela ragaillardit tout à fait mes vieux jours,
Et je me ressouviens de mes jeunes amours.

ACTE IV

SCÈNE PREMIÈRE

ARMANDE, PHILAMINTE.

ARMANDE.

Oui, rien n'a retenu son esprit en balance.
Elle a fait vanité de son obéissance.
Son cœur, pour se livrer, à peine devant moi
S'est-il donné le temps d'en recevoir la loi,
Et sembloit suivre moins les volontés d'un père
Qu'affecter de braver les ordres d'une mère.

PHILAMINTE.

Je lui montrerai bien aux lois de qui des deux
Les droits de la Raison soumettent tous ses vœux ;
Et qui doit gouverner, ou sa mère, ou son père ;
Ou l'esprit, ou le corps ; la forme, ou la matière.

ARMANDE.

On vous en devoit bien au moins un compliment,

Et ce petit Monsieur en use étrangement
De vouloir malgré vous devenir votre gendre.

PHILAMINTE.

Il n'en est pas encor où son cœur peut prétendre.
Je le trouvois bien fait, et j'aimois vos amours ;
Mais dans ses procédés il m'a déplu toujours.
Il sait que, Dieu merci, je me mêle d'écrire,
Et jamais il ne m'a prié de lui rien lire.

SCÈNE II

CLITANDRE, [ENTRANT DOUCEMENT ET ÉCOUTANT
SANS SE MONTRER], ARMANDE, PHILAMINTE.

ARMANDE.

Je ne souffrirois point, si j'étois que de vous,
Que jamais d'Henriette il pût être l'époux.
On me feroit grand tort d'avoir quelque pensée
Que là-dessus je parle en fille intéressée,
Et que le lâche tour que l'on voit qu'il me fait
Jette au fond de mon cœur quelque dépit secret.
Contre de pareils coups l'âme se fortifie
Du solide secours de la Philosophie,
Et par elle on se peut mettre au-dessus de tout ;
Mais vous traiter ainsi, c'est vous pousser à bout.
Il est de votre honneur d'être à ses vœux contraire,
Et c'est un homme enfin qui ne doit point vous plaire.

Jamais je n'ai connu, discourant entre nous,
Qu'il eût au fond du cœur de l'estime pour vous.

PHILAMINTE.

Petit sot !

ARMANDE.

Quelque bruit que votre gloire fasse,
Toujours à vous louer il a paru de glace.

PHILAMINTE.

Le brutal !

ARMANDE.

Et vingt fois, comme ouvrages nouveaux,
J'ai lu des vers de vous qu'il n'a point trouvé beaux.

PHILAMINTE.

L'impertinent !

ARMANDE.

Souvent nous en étions aux prises ;
Et vous ne croiriez point de combien de sottises...

CLITANDRE, [à Armande].

Eh ! doucement, de grâce. Un peu de charité,
Madame, ou tout au moins un peu d'honnêteté.
Quel mal vous ai-je fait ? et quelle est mon offense,
Pour armer contre moi toute votre éloquence ?
Pour vouloir me détruire, et prendre tant de soin
De me rendre odieux aux gens dont j'ai besoin ?
Parlez, dites, d'où vient ce courroux effroyable ?
Je veux bien que Madame en soit juge équitable.

ARMANDE.

Si j'avois le courroux dont on veut m'accuser,
Je trouverois assez de quoi l'autoriser ;

Vous en seriez trop digne, et les premières flammes
S'établissent des droits si sacrés sur les âmes,
Qu'il faut perdre fortune, et renoncer au jour,
Plutôt que de brûler des feux d'un autre amour.
Au changement de vœux nulle horreur ne s'égale,
Et tout cœur infidèle est un monstre en morale.

CLITANDRE.

Appelez-vous, Madame, une infidélité,
Ce que m'a de votre âme ordonné la fierté ?
Je ne fais qu'obéir aux lois qu'elle m'impose,
Et si je vous offense, elle seule en est cause.
Vos charmes ont d'abord possédé tout mon cœur.
Il a brulé deux ans d'une constante ardeur ;
Il n'est soins empressés, devoirs, respects, services,
Dont il ne vous ait fait d'amoureux sacrifices.
Tous mes feux, tous mes soins ne peuvent rien sur vous,
Je vous trouve contraire à mes vœux les plus doux :
Ce que vous refusez, je l'offre au choix d'une autre.
Voyez : est-ce, Madame, ou ma faute, ou la vôtre ?
Mon cœur court-il au change, ou si vous l'y poussez ?
Est-ce moi qui vous quitte, ou vous qui me chassez ?

ARMANDE.

Appelez-vous, Monsieur, être à vos vœux contraire,
Que de leur arracher ce qu'ils ont de vulgaire,
Et vouloir les réduire à cette pureté
Où du parfait amour consiste la beauté ?
Vous ne sauriez pour moi tenir votre pensée
Du commerce des sens nette et débarassée ?
Et vous ne goûtez point, dans ses plus doux appas,

Cette union des cœurs, où les corps n'entrent pas?
Vous ne pouvez aimer que d'une amour grossière ?
Qu'avec tout l'attirail des nœuds de la matière ?
Et, pour nourrir les feux que chez vous on produit,
Il faut un mariage, et tout ce qui s'ensuit.
Ah ! quel étrange amour ! et que les belles âmes
Sont bien loin de brûler de ces terrestres flammes !
Les sens n'ont point de part à toutes leurs ardeurs,
Et ce beau feu ne veut marier que les cœurs ;
Comme une chose indigne il laisse là le reste.
C'est un feu pur et net comme le feu céleste ;
On ne pousse avec lui que d'honnêtes soupirs,
Et l'on ne penche point vers les sales désirs.
Rien d'impur ne se mêle au but qu'on se propose.
On aime pour aimer, et non pour autre chose.
Ce n'est qu'à l'esprit seul que vont tous les transports,
Et l'on ne s'aperçoit jamais qu'on ait un corps.

CLITANDRE.

Pour moi, par un malheur, je m'aperçois, Madame,
Que j'ai, ne vous déplaise, un corps tout comme une âme ;
Je sens qu'il y tient trop, pour le laisser à part ;
De ces détachements je ne connois point l'art :
Le Ciel m'a dénié cette philosophie,
Et mon âme et mon corps marchent de compagnie.
Il n'est rien de plus beau, comme vous avez dit,
Que ces vœux épurés qui ne vont qu'à l'esprit,
Ces unions de cœurs, et ces tendres pensées
Du commerce des sens si bien débarrassées ;
Mais ces amours pour moi sont trop subtilisés :

Je suis un peu grossier, comme vous m'accusez ;
J'aime avec tout moi-même, et l'amour qu'on me donne
En veut, je le confesse, à toute la personne.
Ce n'est pas là matière à de grands châtiments ;
Et, sans faire de tort à vos beaux sentiments,
Je vois que dans le monde on suit fort ma méthode,
Et que le mariage est assez à la mode,
Passe pour un lien assez honnête et doux
Pour avoir désiré de me voir votre époux,
Sans que la liberté d'une telle pensée
Ait dû vous donner lieu d'en paroître offensée.

ARMANDE.

Hé bien, Monsieur, hé bien, puisque, sans m'écouter,
Vos sentiments brutaux veulent se contenter ;
Puisque, pour vous réduire à des ardeurs fidèles,
Il faut des nœuds de chair, des chaînes corporelles ;
Si ma mère le veut, je résous mon esprit
A consentir pour vous à ce dont il s'agit.

CLITANDRE.

Il n'est plus temps, Madame : une autre a pris la place ;
Et par un tel retour j'aurois mauvaise grâce
De maltraiter l'asile, et blesser les bontés,
Où je me suis sauvé de toutes vos fiertés.

PHILAMINTE.

Mais enfin, contez-vous, Monsieur, sur mon suffrage,
Quand vous vous promettez cet autre mariage ?
Et, dans vos visions, savez-vous, s'il vous plaît,
Que j'ai pour Henriette un autre époux tout prêt ?

CLITANDRE.

Eh ! Madame, voyez votre choix je vous prie ;
Exposez-moi, de grâce, à moins d'ignominie,
Et ne me rangez pas à l'indigne destin
De me voir le rival de monsieur Trissotin.
L'amour des beaux esprits, qui chez vous m'est contraire,
Ne pouvoit m'opposer un moins noble aversaire.
Il en est, et plusieurs, que, pour le bel esprit,
Le mauvais goût du siècle a su mettre en crédit ;
Mais monsieur Trissotin n'a pu duper personne,
Et chacun rend justice aux écrits qu'il nous donne.
Hors céans, on le prise en tous lieux ce qu'il vaut ;
Et ce qui m'a vingt fois fait tomber de mon haut,
C'est de vous voir au ciel élever des sornettes,
Que vous désavoueriez, si vous les aviez faites.

PHILAMINTE.

Si vous jugez de lui tout autrement que nous,
C'est que nous le voyons par d'autres yeux que vous.

SCÈNE III

TRISSOTIN, ARMANDE, PHILAMINTE, CLITANDRE.

TRISSOTIN, [à Philaminte].

Je viens vous annoncer une grande nouvelle.
Nous l'avons, en dormant, Madame, échappé belle :

Un monde près de nous a passé tout du long,
Est chu tout au travers de notre tourbillon ;
Et, s'il eût en chemin rencontré notre terre,
Elle eût été brisée en morceaux comme verre.

PHILAMINTE.

Remettons ce discours pour une autre saison ;
Monsieur n'y trouverait ni rime ni raison.
Il fait profession de chérir l'ignorance,
Et de haïr surtout l'Esprit et la Science.

CLITANDRE.

Cette vérité veut quelque adoucissement.
Je m'explique, Madame, et je hais seulement
La Science et l'Esprit qui gâtent les personnes.
Ce sont choses de soi qui sont belles et bonnes ;
Mais j'aimerois mieux être au rang des ignorans
Que de me voir savant comme certaines gens.

TRISSOTIN.

Pour moi, je ne tiens pas, quelque effet qu'on suppose,
Que la Science soit pour gâter quelque chose.

CLITANDRE.

Et c'est mon sentiment, qu'en faits, comme en propos,
La Science est sujette à faire de grands sots.

TRISSOTIN.

Le paradoxe est fort.

CLITANDRE.

                    Sans être fort habile,
La preuve m'en serait, je pense, assez facile.
Si les raisons manquoient, je suis sûr qu'en tout cas
Les exemples fameux ne me manqueroient pas.

TRISSOTIN.

Vous en pourriez citer qui ne concluraient guère.

CLITANDRE.

Je n'irois pas bien loin pour trouver mon affaire.

TRISSOTIN.

Pour moi, je ne vois pas ces exemples fameux.

CLITANDRE.

Moi, je les vois si bien, qu'ils me crèvent les yeux.

TRISSOTIN.

J'ai cru jusques ici que c'étoit l'ignorance
Qui faisait les grands sots, et non pas la Science.

CLITANDRE.

Vous avez cru fort mal, et je vous suis garant
Qu'un sot savant est sot plus qu'un sot ignorant.

TRISSOTIN.

Le sentiment commun est contre vos maximes,
Puisque ignorant et sot sont termes synonymes.

CLITANDRE.

Si vous le voulez prendre aux usages du mot,
L'alliance est plus grande entre pédant et sot.

TRISSOTIN.

La sottise dans l'un se fait voir toute pure.

CLITANDRE.

Et l'étude dans l'autre ajoute à la nature.

TRISSOTIN.

Le savoir garde en soi son mérite éminent.

CLITANDRE.

Le savoir dans un fat devient impertinent.

TRISSOTIN.

Il faut que l'ignorance ait pour vous de grands charmes,
Puisque pour elle ainsi vous prenez tant les armes.

CLITANDRE.

Si pour moi l'ignorance a des charmes bien grands,
C'est depuis qu'à mes yeux s'offrent certains savants.

TRISSOTIN.

Ces certains savants-là peuvent, à les connoître,
Valoir certaines gens que nous voyons paroître.

CLITANDRE.

Oui, si l'on s'en rapporte à ces certains savants ;
Mais on n'en convient pas chez ces certaines gens.

PHILAMINTE, [à Clitandre].

Il me semble, Monsieur...

CLITANDRE.

Eh ! Madame, de grâce,
Monsieur est assez fort, sans qu'à son aide on passe :
Je n'ai déjà que trop d'un si rude assaillant ;
Et si je me défends, ce n'est qu'en reculant.

ARMANDE.

Mais l'offensante aigreur de chaque repartie
Dont vous...

CLITANDRE.

Autre second ? Je quitte la partie.

PHILAMINTE.

On souffre aux entretiens ces sortes de combats,
Pourvu qu'à la personne on ne s'attaque pas.

CLITANDRE.

Eh ! mon Dieu, tout cela n'a rien dont il s'offense ;

Il entend raillerie autant qu'homme de France,
Et de bien d'autres traits il s'est senti piquer,
Sans que jamais sa gloire ait fait que s'en moquer.

TRISSOTIN.

Je ne m'étonne pas, au combat que j'essuie,
De voir prendre à Monsieur la thèse qu'il appuie.
Il est fort enfoncé dans la Cour, c'est tout dit :
La Cour, comme l'on sait, ne tient pas pour l'Esprit ;
Elle a quelque intérêt d'appuyer l'ignorance,
Et c'est en courtisan qu'il en prend la défense.

CLITANDRE.

Vous en voulez beaucoup à cette pauvre Cour,
Et son malheur est grand, de voir que chaque jour
Vous autres, beaux esprits, vous déclamiez contre elle,
Que de tous vos chagrins vous lui fassiez querelle,
Et, sur son méchant goût lui faisant son procès,
N'accusiez que lui seul de vos méchants succès.
Permettez-moi, monsieur Trissotin, de vous dire,
Avec tout le respect que votre nom m'inspire,
Que vous feriez fort bien, vos confrères, et vous,
De parler de la Cour d'un ton un peu plus doux ;
Qu'à le bien prendre, au fond, elle n'est pas si bête
Que vous autres, Messieurs, vous vous mettez en tête ;
Qu'elle a du sens commun pour se connoître à tout ;
Que chez elle on se peut former quelque bon goût,
Et que l'esprit du monde y vaut, sans flatterie,
Tout le savoir obscur de la pédanterie.

TRISSOTIN.

De son bon goût, Monsieur, nous voyons des effets.

CLITANDRE.

Où voyez-vous, Monsieur, qu'elle l'ait si mauvais ?

TRISSOTIN.

Ce que je vois, Monsieur, c'est que pour la Science
Rasius et Baldus font honneur à la France,
Et que tout leur mérite, exposé fort au jour,
N'attire point les yeux et les dons de la Cour.

CLITANDRE.

Je vois votre chagrin, et que par modestie
Vous ne vous mettez point, Monsieur, de la partie ;
Et, pour ne vous point mettre aussi dans le propos,
Que font-ils pour l'État vos habiles héros ?
Qu'est-ce que leurs écrits lui rendent de service,
Pour accuser la Cour d'une horrible injustice,
Et se plaindre en tous lieux que sur leurs doctes noms
Elle manque à verser la faveur de ses dons ?
Leur savoir à la France est beaucoup nécessaire,
Et des livres qu'ils font la Cour a bien affaire !
Il semble à trois gredins, dans leur petit cerveau,
Que, pour être imprimés, et reliés en veau,
Les voilà dans l'État d'importantes personnes ;
Qu'avec leur plume ils font les destins des couronnes ;
Qu'au moindre petit bruit de leurs productions,
Ils doivent voir chez eux voler les pensions ;
Que sur eux l'univers a la vue attachée ;
Que partout de leur nom la gloire est épanchée,
Et qu'en Science ils sont des prodiges fameux,
Pour savoir ce qu'ont dit les autres avant eux,
Pour avoir eu trente ans des yeux et des oreilles,

Pour avoir employé neuf ou dix mille veilles
A se bien barbouiller de grec et de latin,
Et se charger l'esprit d'un ténébreux butin
De tous les vieux fatras qui traînent dans les livres ;
Gens qui de leur savoir paroissent toujours ivres ;
Riches, pour tout mérite, en babil importun,
Inhabiles à tout, vides de sens commun,
Et pleins d'un ridicule, et d'une impertinence
A décrier partout l'Esprit et la Science.

PHILAMINTE.

Votre chaleur est grande, et cet emportement
De la nature en vous marque le mouvement.
C'est le nom de rival qui dans votre âme excite...

SCÈNE IV

JULIEN, TRISSOTIN, PHILAMINTE, CLITANDRE, ARMANDE.

JULIEN.

Le savant qui tantôt vous a rendu visite,
Et de qui j'ai l'honneur de me voir le valet,
Madame, vous exhorte à lire ce billet.

PHILAMINTE.

Quelque important que soit ce qu'on veut que je lise,
Apprenez, mon ami, que c'est une sottise
De se venir jeter au travers d'un discours,

Et qu'aux gens d'un logis il faut avoir recours,
Afin de s'introduire en valet qui sait vivre.

JULIEN.

Je noterai cela, Madame, dans mon livre.

PHILAMINTE *lit*.

Trissotin s'est vanté, Madame, qu'il épouseroit votre fille.
Je vous donne avis que sa Philosophie n'en veut qu'à vos
richesses, et que vous ferez bien de ne point conclure ce mariage, que vous n'ayez vu le poème que je compose contre
lui. En attendant cette peinture, où je prétends vous le
dépeindre de toutes ses couleurs, je vous envoie Horace,
Virgile, Terence et Catule, où vous verrez notés en marge
tous les endroits qu'il a pillés.

PHILAMINTE *poursuit*.

Voilà, sur cet hymen que je me suis promis,
Un mérite attaqué de beaucoup d'ennemis ;
Et ce déchaînement aujourd'hui me convie
A faire une action qui confonde l'envie,
Qui lui fasse sentir que l'effort qu'elle fait,
De ce qu'elle veut rompre, aura pressé l'effet.

    [*A Julien.*]

Reportez tout cela sur l'heure à votre maître ;
Et lui dites, qu'afin de lui faire connoître
Quel grand état je fais de ses nobles avis,
Et comme je les crois dignes d'être suivis,

[*Montrant Trissotin.*]

Dès ce soir à Monsieur je marierai ma fille.

    [*A Clitandre.*]

Vous, Monsieur, comme ami de toute la famille,

A signer leur contrat vous pourrez assister,
Et je vous y veux bien de ma part inviter.
Armande, prenez soin d'envoyer au notaire,
Et d'aller avertir votre sœur de l'affaire.

ARMANDE.

Pour avertir ma sœur, il n'en est pas besoin,
Et Monsieur que voilà, saura prendre le soin
De courir lui porter bientôt cette nouvelle,
Et disposer son cœur à vous être rebelle.

PHILAMINTE.

Nous verrons qui sur elle aura plus de pouvoir,
Et si je la saurai réduire à son devoir.

(Elle s'en va.)

ARMANDE, [à Clitandre].

J'ai grand regret, Monsieur, de voir qu'à vos visées
Les choses ne soient pas tout à fait disposées.

CLITANDRE.

Je m'en vais travailler, Madame, avec ardeur,
A ne vous point laisser ce grand regret au cœur.

ARMANDE.

J'ai peur que votre effort n'ait pas trop bonne issue.

CLITANDRE.

Peut-être verrez-vous votre crainte déçue.

ARMANDE.

Je le souhaite ainsi.

CLITANDRE.

J'en suis persuadé,
Et que de votre appui je serai secondé.

ARMANDE.

Oui, je vais vous servir de toute ma puissance.

CLITANDRE.

Et ce service est sûr de ma reconnoissance.

SCÈNE V

CHRYSALE, ARISTE, HENRIETTE, CLITANDRE.

CLITANDRE.

Sans votre appui, Monsieur, je serai malheureux.
Madame votre femme a rejeté mes vœux,
Et son cœur, prévenu, veut Trissotin pour gendre.

CHRYSALE.

Mais quelle fantaisie a-t-elle donc pu prendre?
Pourquoi diantre vouloir ce monsieur Trissotin?

ARISTE.

C'est par l'honneur qu'il a de rimer en latin
Qu'il a sur son rival emporté l'avantage.

CLITANDRE.

Elle veut dès ce soir faire ce mariage.

CHRYSALE.

Dès ce soir?

CLITANDRE.

Dès ce soir.

CHRYSALE.

Et dès ce soir je veux,
Pour la contrecarrer, vous marier vous deux.

CLITANDRE.

Pour dresser le contrat, elle envoie au notaire.

CHRYSALE.

Et je vais le quérir pour celui qu'il doit faire.

CLITANDRE.

Et Madame doit être instruite par sa sœur
De l'hymen où l'on veut qu'elle apprête son cœur.

CHRYSALE.

Et moi, je lui commande, avec pleine puissance,
De préparer sa main à cette autre alliance.
Ah ! je leur ferai voir si, pour donner la loi,
Il est dans ma maison d'autre maître que moi.
Nous allons revenir, songez à nous attendre.
Allons, suivez mes pas, mon frère, et vous, mon gendre.

HENRIETTE, [à Ariste].

Hélas ! dans cette humeur conservez-le toujours.

ARISTE.

J'emploierai toute chose à servir vos amours.

CLITANDRE.

Quelque secours puissant qu'on promette à ma flamme,
Mon plus solide espoir, c'est votre cœur, Madame.

HENRIETTE.

Pour mon cœur, vous pouvez vous assurer de lui.

CLITANDRE.

Je ne puis qu'être heureux, quand j'aurai son appui.

12

HENRIETTE.

Vous voyez à quels nœuds on prétend le contraindre.

CLITANDRE.

Tant qu'il sera pour moi, je ne vois rien à craindre.

HENRIETTE.

Je vais tout essayer pour nos vœux les plus doux ;
Et si tous mes efforts ne me donnent à vous,
Il est une retraite où notre âme se donne,
Qui m'empêchera d'être à toute autre personne.

CLITANDRE.

Veuille le juste Ciel me garder en ce jour
De recevoir de vous cette preuve d'amour !

ACTE V

——

SCÈNE PREMIÈRE

HENRIETTE, TRISSOTIN.

HENRIETTE.

C'EST sur le mariage où ma mère s'apprête,
Que j'ai voulu, Monsieur, vous parler tête à tête ;
Et j'ai cru, dans le trouble où je vois la maison,
Que je pourrois vous faire écouter la raison.
Je sais qu'avec mes vœux vous me jugez capable
De vous porter en dot un bien considérable ;
Mais l'argent, dont on voit tant de gens faire cas,
Pour un vrai philosophe a d'indignes appas ;
Et le mépris du bien et des grandeurs frivoles
Ne doit point éclater dans vos seules paroles.

TRISSOTIN.

Aussi n'est-ce point là ce qui me charme en vous ;

Et vos brillants attraits, vos yeux perçants et dous,
Votre grâce et votre air, sont les biens, les richesses,
Qui vous ont attiré mes vœux et mes tendresses ;
C'est de ces seuls trésors que je suis amoureux.

HENRIETTE.

Je suis fort redevable à vos feux généreux.
Cet obligeant amour a de quoi me confondre,
Et j'ai regret, Monsieur, de n'y pouvoir répondre.
[Je vous estime autant qu'on sauroit estimer,
Mais je trouve un obstacle à vous pouvoir aimer.
Un cœur, vous le savez, à deux ne sauroit être,
Et je sens que du mien Clitandre s'est fait maître.
Je sais qu'il a bien moins de mérite que vous,
Que j'ai de méchants yeux pour le choix d'un épous,
Que par cent beaux talents vous devriez me plaire ;
Je vois bien que j'ai tort, mais je n'y puis que faire ;
Et tout ce que sur moi peut le raisonnement,
C'est de me vouloir mal d'un tel aveuglement.

TRISSOTIN.

Le don de votre main, où l'on me fait prétendre,
Me livrera ce cœur que possède Clitandre ;
Et par mille doux soins, j'ai lieu de présumer
Que je pourrai trouver l'art de me faire aimer.

HENRIETTE.

Non : à ses premiers vœux mon âme est attachée,
Et ne peut de vos soins, Monsieur, être touchée.]
Avec vous librement j'ose ici m'expliquer,
Et mon aveu n'a rien qui vous doive choquer.

Cette amoureuse ardeur qui dans les cœurs s'excite
N'est point, comme l'on sait, un effet de mérite :
Le caprice y prend part, et, quand quelqu'un nous plaît,
Souvent nous avons peine à dire pourquoi c'est.
Si l'on aimoit, Monsieur, par choix et par sagesse,
Vous auriez tout mon cœur et toute ma tendresse ;
Mais on voit que l'amour se gouverne autrement.
Laissez-moi, je vous prie, à mon aveuglement,
Et ne vous servez point de cette violence
Que pour vous on veut faire à mon obéissance.
Quand on est honnête homme, on ne veut rien devoir
A ce que des parents ont sur nous de pouvoir.
On répugne à se faire immoler ce qu'on aime,
Et l'on veut n'obtenir un cœur que de lui-même.
Ne poussez point ma mère à vouloir, par son choix,
Exercer sur mes vœux la rigueur de ses droits.
Otez-moi votre amour, et portez à quelque autre
Les hommages d'un cœur aussi cher que le vôtre.

TRISSOTIN.

Le moyen que ce cœur puisse vous contenter ?
Imposez-lui des lois qu'il puisse exécuter.
De ne vous point aimer peut-il être capable,
A moins que vous cessiez, Madame, d'être aimable,
Et d'étaler aux yeux les célestes appas...

HENRIETTE.

Eh ! Monsieur, laissons là ce galimatias.
Vous avez tant d'Iris, de Philis, d'Amarantes,
Que partout dans vos vers vous peignez si charmantes,
Et pour qui vous jurez tant d'amoureuse ardeur...

TRISSOTIN.

C'est mon esprit qui parle, et ce n'est pas mon cœur.
D'elles on ne me voit amoureux qu'en poète ;
Mais j'aime tout de bon l'adorable Henriette.

HENRIETTE.

Eh ! de grâce, Monsieur...

TRISSOTIN.

              Si c'est vous offenser,
Mon offense envers vous n'est pas prête à cesser.
[Cette ardeur, jusqu'ici de vos yeux ignorée,
Vous consacre des vœux d'éternelle durée.
Rien n'en peut arrêter les aimables transports ;
Et, bien que vos beautés condamnent mes efforts,
Je ne puis refuser le secours d'une mère
Qui prétend couronner une flamme si chère ;
Et, pourvu que j'obtienne un bonheur si charmant,
Pourvu que je vous aie, il n'importe comment.]

HENRIETTE.

Mais savez-vous qu'on risque un peu plus qu'on ne pense
A vouloir sur un cœur user de violence ;
Qu'il ne fait pas bien sûr, à vous le trancher net,
D'épouser une fille en dépit qu'elle en ait ;
Et qu'elle peut aller, en se voyant contraindre,
A des ressentiments que le mari doit craindre ?

TRISSOTIN.

Un tel discours n'a rien dont je sois altéré.
A tous événements le Sage est préparé.
Guéri par la Raison des foiblesses vulgaires,
Il se met au-dessus de ces sortes d'affaires,

Et n'a garde de prendre aucune ombre d'ennui
De tout ce qui n'est pas pour dépendre de lui.

HENRIETTE.

En vérité, Monsieur, je suis de vous ravie ;
Et je ne pensois pas que la Philosophie
Fût si belle qu'elle est, d'instruire ainsi les gens
A porter constamment de pareils accidens.
Cette fermeté d'âme, à vous si singulière,
Mérite qu'on lui donne une illustre matière,
Est digne de trouver qui prenne avec amour
Les soins continuels de la mettre en son jour ;
Et comme, à dire vrai, je n'oserois me croire
Bien propre à lui donner tout l'éclat de sa gloire,
Je le laisse à quelque autre, et vous jure, entre nous,
Que je renonce au bien de vous voir mon époux.

TRISSOTIN, [en sortant].

Nous allons voir bientôt comment ira l'affaire ;
Et l'on a là dedans fait venir le notaire.

SCÈNE II

CHRYSALE, CLITANDRE, MARTINE, HENRIETTE.

CHRYSALE.

Ah ! ma fille, je suis bien aise de vous voir.
Allons, venez-vous-en faire votre devoir,

Et soumettre vos vœux aux volontés d'un père.
Je veux, je veux apprendre à vivre à votre mère ;
Et, pour la mieux braver, voilà, malgré ses dents,
Martine que j'amène, et rétablis céans.

HENRIETTE.

Vos résolutions sont dignes de louange.
Gardez que cette humeur, mon père, ne vous change.
Soyez ferme à vouloir ce que vous souhaitez,
Et ne vous laissez point séduire à vos bontés.
Ne vous relâchez pas, et faites bien en sorte
D'empêcher que sur vous ma mère ne l'emporte.

CHRYSALE.

Comment ! Me prenez-vous ici pour un bénêt ?

HENRIETTE.

M'en préserve le Ciel !

CHRYSALE.

　　Suis-je un fat, s'il vous plaît ?

HENRIETTE.

Je ne dis pas cela.

CHRYSALE.

　　Me croit-on incapable
Des fermes sentiments d'un homme raisonnable ?

HENRIETTE.

Non, mon père.

CHRYSALE.

　　Est-ce donc qu'à l'âge où je me voi,
Je n'aurois pas l'esprit d'être maître chez moi ?

HENRIETTE.

Si fait.

CHRYSALE.

Et que j'aurois cette foiblesse d'âme
De me laisser mener par le nez à ma femme?

HENRIETTE.

Eh ! non, mon père.

CHRYSALE.

Ouais ! Qu'est-ce donc que ceci?
Je vous trouve plaisante à me parler ainsi.

HENRIETTE.

Si je vous ai choqué, ce n'est pas mon envie.

CHRYSALE.

Ma volonté céans doit être en tout suivie.

HENRIETTE.

Fort bien, mon père.

CHRYSALE.

Aucun, hors moi, dans la maison
N'a droit de commander.

HENRIETTE.

Oui, vous avez raison.

CHRYSALE.

C'est moi qui tiens le rang de chef de la famille.

HENRIETTE.

D'accord.

CHRYSALE.

C'est moi qui dois disposer de ma fille.

HENRIETTE.

Eh ! oui.

CHRYSALE.

Le Ciel me donne un plein pouvoir sur vous.

HENRIETTE.

Qui vous dit le contraire ?

CHRYSALE.

Et, pour prendre un épous,
Je vous ferai bien voir que c'est à votre père
Qu'il vous faut obéir, non pas à votre mère.

HENRIETTE.

Hélas ! vous flattez là le plus doux de mes vœux ;
Veuillez être obéi, c'est tout ce que je veux.

CHRYSALE.

Nous verrons si ma femme, à mes désirs rebelle...

CLITANDRE.

La voici qui conduit le notaire avec elle.

CHRYSALE.

Secondez-moi bien tous.

MARTINE.

Laissez-moi, j'aurai soin
De vous encourager, s'il en est de besoin.

SCÈNE III

PHILAMINTE, BÉLISE, ARMANDE, TRISSOTIN, LE NOTAIRE, CHRYSALE, CLITANDRE, HENRIETTE, MARTINE.

PHILAMINTE, [au Notaire].

Vous ne sauriez changer votre style sauvage,
Et nous faire un contrat qui soit en beau langage ?

LE NOTAIRE.

Notre style est très bon, et je serois un sot,
Madame, de vouloir y changer un seul mot.

BÉLISE.

Ah! quelle barbarie au milieu de la France!
Mais au moins, en faveur, Monsieur, de la Science,
Veuillez, au lieu d'écus, de livres et de francs,
Nous exprimer la dot en mines et talens,
Et dater par les mots d'ides et de calendes.

LE NOTAIRE.

Moi? Si j'allois, Madame, accorder vos demandes,
Je me ferois siffler de tous mes compagnons.

PHILAMINTE.

De cette barbarie en vain nous nous plaignons.
Allons, Monsieur, prenez la table pour écrire.

[*Apercevant Martine.*]

Ah! ah! cette impudente ose encor se produire?
Pourquoi donc, s'il vous plaît, la ramener chez moi?

CHRYSALE.

Tantôt avec loisir on vous dira pourquoi.
Nous avons maintenant autre chose à conclure.

LE NOTAIRE.

Procédons au contrat. Où donc est la future?

PHILAMINTE.

Celle que je marie est la cadette.

LE NOTAIRE.

Bon.

CHRYSALE.

Oui. La voilà, Monsieur; Henriette est son nom.

LE NOTAIRE.

Fort bien. Et le futur ?

PHILAMINTE, [montrant Trissotin].

L'époux que je lui donne,
Est Monsieur.

CHRYSALE, [montrant Clitandre].

Et celui, moi, qu'en propre personne,
Je prétends qu'elle épouse, est Monsieur.

LE NOTAIRE.

Deux époux !

C'est trop pour la Coutume.

PHILAMINTE.

Où vous arrêtez-vous ?
Mettez, mettez, Monsieur, Trissotin pour mon gendre.

CHRYSALE.

Pour mon gendre mettez, mettez, Monsieur, Clitandre.

LE NOTAIRE.

Mettez-vous donc d'accord ! et, d'un jugement mûr,
Voyez à convenir entre vous du futur !

PHILAMINTE.

Suivez, suivez, Monsieur, le choix où je m'arrête.

CHRYSALE.

Faites, faites, Monsieur, les choses à ma tête.

LE NOTAIRE.

Dites-moi donc à qui j'obéirai des deux ?

PHILAMINTE, [à Chrysale].

Quoi donc ! vous combattrez les choses que je veux ?

CHRYSALE.

Je ne saurois souffrir qu'on ne cherche ma fille

Que pour l'amour du bien qu'on voit dans ma famille.

PHILAMINTE.

Vraiment, à votre bien on songe bien ici,
Et c'est là, pour un sage, un fort digne souci !

CHRYSALE.

Enfin, pour son époux j'ai fait choix de Clitandre.

PHILAMINTE.

Et moi, pour son époux voici qui je veux prendre :
Mon choix sera suivi, c'est un point résolu.

CHRYSALE.

Ouais ! vous le prenez là d'un ton bien absolu !

MARTINE.

Ce n'est point à la femme à prescrire, et je sommes
Pour céder le dessus en toute chose aux hommes.

CHRYSALE.

C'est bien dit.

MARTINE.

Mon congé cent fois me fût-il hoc,
La poule ne doit point chanter devant le coq.

CHRYSALE.

Sans doute.

MARTINE.

Et nous voyons que d'un homme on se gausse,
Quand sa femme chez lui porte le haut-de-chausse.

CHRYSALE.

Il est vrai.

MARTINE.

Si j'avois un mari, je le dis,
Je voudrois qu'il se fît le maître du logis.

Je ne l'aimerois point, s'il faisoit le Jocrisse ;
Et, si je contestois contre lui par caprice,
Si je parlois trop haut, je trouverois fort bon
Qu'avec quelques soufflets il rabaissât mon ton.

CHRYSALE.

C'est parler comme il faut.

MARTINE.

Monsieur est raisonnable,
De vouloir pour sa fille un mari convenable.

CHRYSALE.

Oui.

MARTINE.

Par quelle raison, jeune et bien fait qu'il est,
Lui refuser Clitandre ? Et pourquoi, s'il vous plaît
Lui bailler un savant, qui sans cesse épilogue ?
Il lui faut un mari, non pas un pédagogue ;
Et, ne voulant savoir le grais, ni le latin,
Elle n'a pas besoin de monsieur Trissotin.

CHRYSALE.

Fort bien.

PHILAMINTE.

Il faut souffrir qu'elle jase à son aise.

MARTINE.

Les savants ne sont bons que pour prêcher en chaise ;
Et pour mon mari, moi, mille fois je l'ai dit,
Je ne voudrois jamais prendre un homme d'esprit.
L'Esprit n'est point du tout ce qu'il faut en ménage ;
Les livres quadrent mal avec le mariage ;

Et je veux, si jamais on engage ma foi,
Un mari qui n'ait point d'autre livre que moi ;
Qui ne sache A, ne B, n'en déplaise à Madame,
Et ne soit, en un mot, docteur que pour sa femme.

PHILAMINTE, [à *Chrysale*].

Est-ce fait ? et sans trouble ai-je assez écouté
Votre digne interprète ?

CHRYSALE.

Elle a dit vérité.

PHILAMINTE.

Et moi, pour trancher court toute cette dispute,
Il faut qu'absolument mon désir s'exécute.
Henriette, et Monsieur, seront joints de ce pas ;
Je l'ai dit, je le veux : ne me répliquez pas ;
Et, si votre parole à Clitandre est donnée,
Offrez-lui le parti d'épouser son aînée.

CHRYSALE.

Voilà dans cette affaire un accommodement.
    [A *Henriette et à Clitandre*.]
Voyez : y donnez-vous votre consentement ?

HENRIETTE.

Eh ! mon père !

CLITANDRE.

Eh ! Monsieur !

BÉLISE.

On pourroit bien lui faire
Des propositions qui pourroient mieux lui plaire ;
Mais nous établissons une espèce d'amour

Qui doit être épuré comme l'astre du jour ;
La substance qui pense y peut être reçue,
Mais nous en bannissons la substance étendue.

SCÈNE DERNIÈRE

ARISTE, CHRYSALE, PHILAMINTE, BÉLISE, HENRIETTE, ARMANDE, TRISSOTIN, LE NOTAIRE, CLITANDRE, MARTINE.

ARISTE.

J'ai regret de troubler un mystère joyeux,
Par le chagrin qu'il faut que j'apporte en ces lieux.
Ces deux lettres me font porteur de deux nouvelles,
Dont j'ai senti pour vous les atteintes cruelles :

[*A Philaminte.*]

L'une, pour vous, me vient de votre procureur ;

[*A Chrysale.*]

L'autre, pour vous, me vient de Lyon.

PHILAMINTE.

Quel malheur,
Digne de nous troubler, pourroit-on nous écrire ?

ARISTE.

Cette lettre en contient un que vous pouvez lire.

PHILAMINTE, [*lit*].

Madame, j'ai prié Monsieur votre frère de vous rendre
cette lettre, qui vous dira ce que je n'ai osé vous aller dire.
La grande négligence que vous avez pour vos affaires, a été
cause que le clerc de votre rapporteur ne m'a point averti,
et vous avez perdu absolument votre procès, que vous de-
viez gagner.

CHRYSALE.

Votre procès perdu !

PHILAMINTE.

Vous vous troublez beaucoup !
Mon cœur n'est point du tout ébranlé de ce coup.
Faites, faites paroître une âme moins commune
A braver comme moi les traits de la fortune.

Le peu de soin que vous avez vous coûte quarante mille
écus, et c'est à payer cette somme, avec les dépens, que
vous êtes condamnée par arrêt de la Cour.

Condamnée ! Ah ! ce mot est choquant, et n'est fait
Que pour les criminels.

ARISTE.

Il a tort, en effet,
Et vous vous êtes là justement récriée.
Il devoit avoir mis que vous êtes priée,
Par arrêt de la Cour, de payer au plus tôt
Quarante mille écus et les dépens qu'il faut.

PHILAMINTE.

Voyons l'autre.

CHRYSALE *lit.*

Monsieur, l'amitié qui me lie à Monsieur votre frère me

14

fait prendre intérêt à tout ce qui vous touche. Je sais que
vous avez mis votre bien entre les mains d'Argante et de
Damon, et je vous donne avis qu'en même jour ils ont fait
tous deux banqueroute.

O Ciel! tout à la fois perdre ainsi tout mon bien!

PHILAMINTE.

Ah! quel honteux transport! Fi! tout cela n'est rien.
Il n'est pour le vrai sage aucun revers funeste,
Et, perdant toute chose, à soi-même il se reste.
Achevons notre affaire, et quittez votre ennui :
[Montrant Trissotin.]
Son bien peut nous suffire et pour nous et pour lui.

TRISSOTIN.

Non, Madame, cessez de presser cette affaire.
Je vois qu'à cet hymen tout le monde est contraire,
Et mon dessein n'est point de contraindre les gens.

PHILAMINTE.

Cette réflexion vous vient en peu de temps!
Elle suit de bien près, Monsieur, notre disgrâce.

TRISSOTIN.

De tant de résistance à la fin je me lasse.
J'aime mieux renoncer à tout cet embarras,
Et ne veux point d'un cœur qui ne se donne pas.

PHILAMINTE.

Je vois, je vois de vous, non pas pour votre gloire,
Ce que jusques ici j'ai refusé de croire.

TRISSOTIN.

Vous pouvez voir de moi tout ce que vous voudrez,
Et je regarde peu comment vous le prendrez ;

Mais je ne suis point homme à souffrir l'infamie
Des refus offensants qu'il faut qu'ici j'essuie :
Je vaux bien que de moi l'on fasse plus de cas,
Et je baise les mains à qui ne me veut pas.

[Il sort.]

PHILAMINTE.

Qu'il a bien découvert son âme mercenaire !
Et que peu Philosophe est ce qu'il vient de faire !

CLITANDRE.

Je ne me vante point de l'être, mais enfin
Je m'attache, Madame, à tout votre destin ;
Et j'ose vous offrir, avecque ma personne,
Ce qu'on sait que de bien la fortune me donne.

PHILAMINTE.

Vous me charmez, Monsieur, par ce trait généreux,
Et je veux couronner vos désirs amoureux.
Oui, j'accorde Henriette à l'ardeur empressée...

HENRIETTE.

Non, ma mère, je change à présent de pensée.
Souffrez que je résiste à votre volonté.

CLITANDRE.

Quoi ! vous vous opposez à ma félicité ?
Et, lors qu'à mon amour je vois chacun se rendre...

HENRIETTE.

Je sais le peu de bien que vous avez, Clitandre,
Et je vous ai toujours souhaité pour époux,
Lors qu'en satisfaisant à mes vœux les plus doux,
J'ai vu que mon hymen ajustoit vos affaires ;
Mais, lors que nous avons les destins si contraires,

Je vous chéris assez, dans cette extrémité,
Pour ne vous charger point de notre aversité.

CLITANDRE.

Tout destin avec vous me peut être agréable ;
Tout destin me seroit sans vous insupportable.

HENRIETTE.

L'amour dans son transport parle toujours ainsi.
Des retours importuns évitons le souci :
Rien n'use tant l'ardeur de ce nœud qui nous lie,
Que les fâcheux besoins des choses de la vie ;
Et l'on en vient souvent à s'accuser tous deux
De tous les noirs chagrins qui suivent de tels feux.

ARISTE, [à Henriette].

N'est-ce que le motif que nous venons d'entendre
Qui vous fait résister à l'hymen de Clitandre ?

HENRIETTE.

Sans cela, vous verriez tout mon cœur y courir,
Et je ne fuis sa main que pour le trop chérir.

ARISTE.

Laissez-vous donc lier par des chaînes si belles.
Je ne vous ai porté que de fausses nouvelles ;
Et c'est un stratagème, un surprenant secours,
Que j'ai voulu tenter pour servir vos amours,
Pour détromper ma sœur, et lui faire connoître
Ce que son Philosophe à l'essai pouvoit être.

CHRYSALE.

Le Ciel en soit loué !

PHILAMINTE.

                    J'en ai la joie au cœur,

Par le chagrin qu'aura ce lâche déserteur.
Voilà le châtiment de sa basse avarice,
De voir qu'avec éclat cet hymen s'accomplisse.

CHRYSALE, [à Clitandre].

Je le savois bien, moi, que vous l'épouseriez.

ARMANDE, [à Philaminte].

Ainsi donc à leurs vœux vous me sacrifiez ?

PHILAMINTE.

Ce ne sera point vous que je leur sacrifie,
Et vous avez l'appui de la Philosophie,
Pour voir d'un œil content couronner leur ardeur.

BELISE.

Qu'il prenne garde au moins que je suis dans son cœur.
Par un prompt désespoir souvent on se marie,
Qu'on s'en repent après tout le temps de sa vie.

CHRYSALE, [au Notaire].

Allons, Monsieur, suivez l'ordre que j'ai prescrit,
Et faites le contrat ainsi que je l'ai dit.

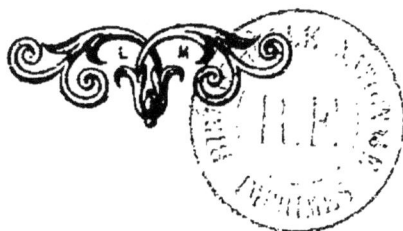

NOTES

ACTEURS.

P. 2, l. 2. *Bon bourgeois.* Homme de bonne bourgeoisie. C'est ainsi que Perrault désigne le père de Molière, Jean Poquelin, dans ses *Hommes illustres :* « bon bourgeois de Paris et tapissier du Roi. »

ACTE PREMIER.

5, 8. *Claquemurer.* Renfermer, emprisonner. Furetière appelle « terme populaire » ce mot qui ne paraît pas avoir été imprimé avant Molière. On le trouve dans La Fontaine.

— 10. *Un* idole d'époux. Le mot était alors masculin.

— 15. Traitant *de* mépris. Avec mépris. Corneille avait dit dans *la Toison d'or* (IV, 4) :

« Le trône qu'à vos yeux j'ai traité *de* mépris. »

— 27. *La partie animale.* Gros René l'appelle « la partie brutale » (*Dépit amoureux*, IV, 2).

— 28. *Aux bêtes nous ravale.* — Jusqu'aux bêtes, à l'état des bêtes.

6, 26. *Quand sur une personne.* — C'est ainsi que Boileau, dit-on, corrigea les deux vers de Molière, qui étaient primitivement :

Quand sur une personne on prétend s'*ajuster*,
C'est par les beaux côtés qu'il *la faut imiter.*

— 29. *De tousser et de cracher comme elle.* Ce n'est pas imiter un homme de ne faire que p... ou tousser comme lui. » (*Francion.*)

7, 8. *Voulant qu'on vous seconde.* M. Livet a trouvé la phrase « peu claire », parce qu'il ne l'a pas comprise. Henriette dit à sa sœur : « Vous devez désirer qu'on vous seconde dans vos études : n'empêchez donc pas la naissance d'un petit neveu qui marchera sur vos traces. »

— 12. *De vous faire un mari* — prendre, choisir. N'est-ce pas la tournure latine : uxorem ducere (prendre femme)?

— 14. *Votre visée* — vos vues, vos projets.

8, 19. *D'une si bonne foi* — d'une âme si simple, si crédule.

10, 9. *D'un regard pitoyable* — plein de pitié, compatissant.

13, 16. *Les Femmes docteurs.* Quelque quarante ans plus tôt, Balzac écrivait à Mme Desloges : « Je n'approuve pas davantage *les Femmes Docteurs* que les femmes cavaliers. Vous savez une infinité de choses rares, *mais vous n'en faites pas la savante*, et ne les avez pas apprises pour tenir école. C'est beaucoup d'avoir acquis les plus honnêtes connaissances qui se peuvent acquérir; mais c'est encore davantage de s'en *cacher* comme d'un larcin. On voit votre carnaval, votre soie et vos aiguilles, mais vos livres et vos papiers ne paraissent point. La pédanterie n'est pas supportable en un maître ès arts, comment le serait-elle en une femme? » (Lettre 43 du livre VII des *Lettres diverses de M. de Balzac.* Paris, T. Jolly, 1664.)

13, 17. *Des clartés de tout* — des notions, des lumières générales.

14, 6. *D'officieux papiers* — officiosis, utilisables, bons à envelopper les marchandises de la beurrière et du fruitier, comme les écrits de Cotin servaient d'enveloppe aux biscuits de Mignot l'empoisonneur. Boileau n'avait-il pas dit : « Suivre *chez l'épicier* Neufgermain et La Serre » ; et

J'ai tout Pelletier
Roulé *dans mon office* en cornets de papier. »

— 15. *Jusqu'au chien du logis* — C'est la traduction élégante du judicieux proverbe : « Qui aime Bertrand, aime son chien. » Cf. *Don Juan*, qui pour amadouer M. Dimanche, lui demande des nouvelles de son petit chien Brusquet ; et *l'Asinaria* de Plaute (I, 3).

— 26. *Cette intrépidité* — le mot était alors nouveau, mais Malherbe avait employé l'adjectif intrépide.

15, 11. *Dans le Palais.* De Justice, lieu de promenade alors très fréquenté, et rendez-vous des beaux esprits. On connaît la curieuse gravure d'Abraham Bosse, *la Galerie du Palais*, qui peut servir de frontispice à la comédie de Corneille qui porte ce titre. On y voit les boutiques des marchands, merciers et libraires. Plusieurs de ces derniers étaient installés sur les degrés du Palais, où se tenait aussi le marché des laquais.

« Quand une pièce sort du Théâtre pour aller au Palais, elle est déjà presque tout usée », dit Guéret dans la *Promenade de Saint-Cloud* (p. 49 de l'édition Monval).

ACTE SECOND.

19, 12. *Dieu vous gard'* — familier, pour « vous garde ». Cf. *Amphitryon* (II, 3) : « Dieu te gard', Cléanthis. »

21, 3. *Nos fredaines* — vieux mot, très expressif, que Molière avait probablement rapporté de Gascogne ou de

Femmes savantes.   15

Languedoc, et qu'il a employé dans l'*Avare* et les *Four-beries de Scapin* pour dire des folies de jeunesse.

22, 16. *M'a fait instance* — m'a instamment, vivement prié (instare). Voir plus loin : « Et notre plus grand soin, notre première *instance* » (II, 7), et « C'est cet ami savant qui m'a fait tant d'*instance* (III, 3).

23, 15. *Qu'on n'a pas pour un cœur* — qu'un seul cœur. Cf. *Princesse d'Élide* (II, 2) : « On nous fait voir que Jupiter n'a pas aimé *pour* une fois. »

25, 10. *De bien il n'a pas l'abondance* — pour : il n'a pas abondance de biens.

26, 14. — *Qui veut noyer son chien* — vieux proverbe : « qui bon chien veut tuer, la rage li met seure » (XIIIᵉ siècle) : on le trouve tel que Molière l'emploie ici, formant un alexandrin, à l'acte II, sc. 1 du *Gouvernement de Sancho Pança*, de Guérin du Bouscal.

29, 24. *Quelque aiguière* — vase à mettre de l'eau (aqualis), flacon, carafe ou buire, souvent en orfèvrerie précieuse.

30, 18. Vaugelas (1585-1650), célèbre grammairien, auteur de *Remarques sur la langue française*, publiées en 1647.

32, 15. *Grand'père ni grand'mère.* On prononçait alors nasalement gran-maire, comme le font encore aujourd'hui quelques curés de campagne, qui disent aussi : constan-ment, évidan-ment, l'an-née, comme nous prononçons tous em-mener : an-mener. La méprise de Martine est donc toute naturelle, et son calembour n'a rien de forcé.

33, 10. *Se gourment* — familier : se querellent, se battent.

34, 12. *Vices d'oraison* — fautes de langage (oratio).

— 14. *Ruisseaux des halles* — Les *Loix de la Galan-*

terie recommandaient de se garder surtout « d'user de *Proverbes* et de quolibets, si ce n'est aux endroits où il y a moyen d'en faire quelque raillerie à propos. Si vous vous en serviez autrement, ce serait parler en bourgeois et en *langage des halles* » (§ xvi).

— 19. *Pléonasme* — répétition de mots exprimant la même idée.

— — *Cacophonie* — discordance de sons.

— 23. *Épluchant ses herbes.* — C'était l'office de la servante de cuisine, d'éplucher les légumes.

35, 5. *Malherbe et Balzac.* Le premier était mort en 1628, le second en 1654. Ils étaient encore, à cette date, les rois, l'un du vers, l'autre de la prose. (V. le *Mont Parnasse ou de la préférence entre la prose et la poésie,* de Sorel, 1663.)

— 19. *Le corps avec l'esprit fait figure* — est estimé (*Dictionnaire des Précieuses,* de Somaize).

36, 2. *Sollicitude* — Ce mot était-il si ancien ? En tout cas, on l'employait fort peu au xviie siècle.

36, 3. Il *put* étrangement. De *puir,* je pus. Il pue vient de *puer,* qui est d'un emploi plus récent. Étymologie : *puteo.*

— 5. *Collet-monté,* suranné, comme ces cols empesés, à l'ancienne mode, soutenus par du carton ou du fil de fer.

— 17. *Un gros Plutarque* — Les in-folio étaient propres à mettre du linge sous presse : dans *Tartuffe,* nous avons vu un mouchoir dans une *Fleur des Saints.*

— 22. *Brimborions,* bagatelles, choses de peu de valeur.

37, 9. *Un dé, du fil et des aiguilles* — « Filles ne doivent être employées qu'à filer et à coudre, non point à parler en public ou à écrire et à composer des livres. » (*Le Nouveau Parnasse,* de Sorel, 1663, p. 21.)

38, 8. *Tympanisées* — ridiculisées publiquement. Cf. *École des Femmes* (I, 1) :

« Gare qu'aux carrefours on ne vous *tympanise.* »

— 11. *Le timbre un peu fêlé* — la tête, le cerveau. Racine avait dit récemment du juge des *Plaideurs* : « On dit que son *timbre* est brouillé. »

— 15. *Petits corps* — atomes indivisibles d'Épicure.

42, 19. *Et ma mie* — ou m'amie, pour mon amie : c'est la forme qu'a employée Molière dans *le Misanthrope, Tartuffe, le Ballet des Nations* et *le Malade Imaginaire.*

ACTE TROISIÈME.

48, 14. *A l'épigramme ou bien au madrigal.* Selon le P. Bouhours, on appelait alors *madrigal* ce qu'on appelait autrefois *épigramme.*

49, 4. *Silence, ma nièce* — Le vers est resté inachevé. Ce n'est qu'à dater de 1713 que le second hémistiche a été imprimé tel qu'Armande le dit aujourd'hui : « Ah ! laissez-le donc lire ! »

— 6. *Sonnet à la princesse Uranie* — C'est-à-dire à la duchesse de Nemours, princesse de Longueville (morte en 1707). On le trouve imprimé dès 1659 dans les *Œuvres mêlées* de l'abbé Cotin, et reproduites en 1663 et 1665 dans ses *Œuvres Galantes.*
Gilbert avait, lui aussi, adressé à Mme la Duchesse de *** une Ode « *Sur une fièvre* qu'elle eut au commencement du printemps ». (*Les Poésies diverses* de M. Gilbert, 1661, p. 83.)

— 27. *Prêtons l'oreille au reste.* Ce vers est resté inachevé, et le suivant manque.

52, 12. *Tiercets.* On appelle *tercets* les deux groupes, de trois vers chacun, qui terminent un sonnet.

55, 2. *Sur un carrosse de couleur amarante.* Ce madrigal se trouve textuellement dans les *Œuvres galantes* de M. Cotin, 1663.

— 18. *Ma Laïs* — célèbre courtisane de Corinthe.

— — *L'enveloppe est jolie* — « C'est-à-dire cette manière voilée de désigner une fille entretenue. » (L. Moland.)

57, 5. *C'est faire à notre sexe.* Depuis longtemps, les comédiens font ici une première coupure de 28 vers.

— 8. *Beautés d'un point,* d'une dentelle :

« Mon Dieu, que de ce *point* l'ouvrage est merveilleux ! », dit Tartuffe à Elmire (III, 3).

« Il y en a, écrivait Balzac à Chapelain, qui jugent aussi hardiment de nos vers et de notre prose, que de leurs *points* de Gênes et de leurs dentelles. »

— — *Brocard nouveau,* étoffe brochée, c'est-à-dire tissée d'or, d'argent ou de soie.

— 29. *Pour l'ordre* — la méthode, l'enchaînement logique des propositions.

— — *Péripatétisme,* doctrine d'Aristote.

58, 2. *Abstractions* — du platonisme ou de l'Académie.

— — *Platonisme* — idéalisme.

— 4. *Épicure* — Molière avait étudié, sous Gassendi, la doctrine de ce philosophe.

— 6. *Petits corps,* les atômes indivisibles étaient le principe de la physique d'Épicure. Leucippe en fut, dit-on, le premier inventeur.

— 7. *Le vide.* Épicure et ses disciples regardaient le vide et les atomes comme les principes de tout.

— 8 à 14. *La matière subtile, l'aimant, les tourbillons, les mondes tombants* appartiennent au système de Descartes,

auquel s'appliquaient alors plus particulièrement Mmes de‚
Bonnevaut, de Guedreville, d'Outresale et d'Hommecour.

— 19. *On en attend beaucoup* — seconde coupure de
32 vers.

59, 4. *Aux stoïciens* — secte de Zénon.

— 8. *Des remuemens, des changemens* : « Clitifon (Cotin)
fera de grands *remuemens* contre Sophie (Scudéry) », xxii^e
prédiction touchant l'empire des Prétieuses (*le grand Dictionnaire*).

60, 8. *Nul n'aura de l'esprit.* Ce vers, devenu proverbe,
est aujourd'hui d'une application constante et universelle.

— 10. *Que nous qui sache* — Ellipse : « personne
autre » est sous-entendu ; aujourd'hui l'on dirait : qui *sa-
chions*.

— 16. Il est vêtu de noir. — C'est le signalement de
l'abbé Ménage, qui était très doux, du moins en appa-
rence.

62, 2 et 5. *Grec* et *respect* riment ici. On doit donc pro-
noncer *respec*, comme le faisaient les Doctes, nous dit
d'Ablancourt ; ils l'écrivaient même ainsi.

— 18. *Au Cours.* Il y avait deux cours, le Cours-la-
Reine et le Cours-Saint-Antoine (voir les *Loix de la Galanterie*) ; mais le Cours, par excellence, était le premier.

— — *Aux ruelles.* Les plus célèbres ruelles de Paris se
tenaient alors chez Mme Paget et chez les marquises de
Vilaine et de Chavigny.

— 21. *Gueuser des encens.* Cf. *Tartuffe* (V, 1) « *gueu-
sant et n'ayant rien* ».

63, 8. *L'ithos et le pathos* — ἦθος (les mœurs ou carac-
tères) et παθος (les passions). Voir le *Menagiana*.

— 10. *Des Eglogues.* Ménage avait écrit de nombreuses

églogues et idylles en latin, en grec, en italien,... et même en français.

— 13. *Vos odes.* Cotin a composé de nombreuses Odes.

— 16. *Vos chansonnettes.* Une chansonnette italienne de Ménage est intitulée : *Amante irresoluto.*

— 20. *Vos petits rondeaux* — Ménage n'a pas fait de rondeaux, que Voiture avait mis à la mode. Mais un *Recueil de Rondeaux* de Cotin avait paru en 1649, et Benserade, que Molière n'aimait pas, travaillait alors à mettre les *Métamorphoses d'Ovide en rondeaux.*

63, 24. *Aux ballades.* Une ballade de Ménage est adressée à Mlle de la Vergne.

— 26. *Dans les bouts rimés* — « Je hais des *bouts rimés* le puéril fatras », avait dit Molière dans son sonnet au prince de Condé.

L'*Elite des bouts-rimés de ce temps* (1651) ne contenait-elle pas quelques pièces du « Père de l'Enigme française? » La *Défaite des bouts-rimés* de Sarrasin n'avait pas éteint cette fureur, contre laquelle Saint-Glas fit une pièce en 1682.

64, 6. *Des statues.* Cf. *les Visionnaires* (IV, 4) :

Siècle, si tu pouvais savoir ce que je vaux,
J'aurais une statue en la place publique !

C'était une grande rareté, au xviie siècle, qu'une statue élevée à un homme de Lettres. Segrais n'avait pas encore fait ériger, à Caen, une statue à Malherbe dans sa maison.

66, 6. *Petit grimaud.* Écolier des petites classes. Cf. Boileau, sat. iv :

« Soient des moindres *grimauds* chez Ménage sifflés. »

— 8. *Rimeur de balle* — de qualité inférieure, comme les pacotilles des porte-balle ou colporteurs.

Dans le même sens, Bois-Robert avait dit : « Ce chevalier *de balle* » (La *Folle Gageure*, V, 9). Cf. *le Procès des*

Précieuses (sc. 7) : « Vous n'êtes qu'un *rimeur de balle* »;
les *Amours de Calotin* (I, 4) :

« Je crois que cet auteur est un auteur de *balle* »,

et l'*Écuyer*, de Claveret (III, 3) :

« Que tu n'es rien qu'au rang des écuyers *de bale*. »

— 10. *Fripier d'écrits.* Girac traitait Costar d' « admirable *fripier* » et de ravaudeur. — « Le Parnasse pourrait un jour avoir ses *fripiers* «, dit Guéret dans la *Promenade de Saint-Cloud* (p. 43 de notre édition).

— 12. *Cuistre* — Cuisinier de collège, valet de pédant.

— 24. *Libraire à l'hôpital réduit* — Molière emprunte ce vers à Ménage lui-même, qui avait dit : « A l'hôpital tu réduis ton libraire. »

— 28. *L'auteur des Satires.* Despréaux avait publié sa 1ʳᵉ satire en 1664. Dans la 9ᵉ, Cotin est nommé jusqu'à neuf fois. Ménage n'est cité qu'en passant dans la 2ᵉ.

67, 26. *Chez Barbin.* Claude Barbin, libraire du Palais, qui, l'année où il publia *les Précieuses Ridicules* (1660), se tenait dans la grand'salle ; en 1665, vis-à-vis le portail de la Sainte-Chapelle, au « signe de Croix » ; en 1666, sur le second perron de la Sainte-Chapelle. C'est presque dans sa boutique que se fera la bataille épique du *Lutrin*. Éditeur de La Fontaine, de Despréaux, de Racine, de La Rochefoucauld, de Segrais, des *Œuvres* de Molière (1673-74 et 1682).

69, 3. *A la simple épiderme.* Aujourd'hui, ce mot est masculin.

— 5. *Un biais de vous donner* — pour vous donner. Dans *l'Étourdi*, *le Cocu* et *Tartuffe*, Molière a fait de *biais* deux syllabes.

71, 9. *Otez ce gant.* A cette époque, il était d'usage d'ôter le gant droit pour donner la main. Variante du xviiiᵉ siècle : « Obéissez ! »

72, 2. *Peronnelle.* Ce mot, qui est à peu près synonyme de pimbèche, ne paraît pas avoir été employé dans ce sens avant Molière. Mais il existait dès le xvᵉ siècle.

ACTE QUATRIÈME.

77, 23. *M'a dénié,* m'a refusé (*denegare*).

79, 7. *Un moins noble aversaire.* Molière a conservé l'ancienne orthographe, qui se retrouve dans l'*aversario* des Italiens. Plus loin (p. 108, l. 2) il écrit aversité (*avversita*).

80, 1. *Un monde.* Cotin était l'auteur d'une ridicule *Galanterie sur la Comète apparue en décembre* 1664 *et janvier* 1665 (2ᵉ partie de ses *Œuvres galantes,* 1665).

83, 18. *Permettez-moi.* — Cf. Dorante de *la Critique de l'École des femmes* (sc. 6) : « Achevez, M. Lysidas. »

84, 19. *Il semble à trois gredins.* Rasius, Baldus, et vous, M. Trissotin. Ménage, dans son *Dictionnaire,* traduit gredin par « homme de rien ». Mais ce mot paraît avoir eu un sens moins vague et plus spécial, et désigné ces « vassaux d'Apollon », dont parle Sorel en son *Mont-Parnasse* (p. 40), « qui ont été misérables durant leur vie, *gredins* et maîtres d'école ».

86, 1. *Aux gens d'un logis il faut avoir recours.* Cf. *Escarbagnas* (sc. 3).

— 13. *Tous les endroits qu'il a pillés.* C'était une manie chez Cotin, de voir partout des plagiats. « Tout ce qu'il dit est emprunté; il pille les sujets qu'il traite », avait-il dit de Ménage (*Œuv. gal.,* 1663). Il avait fait un crime à Despréaux d'avoir imité Horace et Juvénal.

Adrien Baillet a fait pour Ménage ce que Vadius veut faire pour Trissotin : il a recueilli tous ses *Plagiats* en quatre gros volumes.

89, 17. *Et vous, mon gendre.* Autrefois on terminait ici

16

le 4º acte. La scène finale est coupée sur l'exemplaire de
La Rive, qui jouait Clitandre à la fin du xviiiᵉ siècle. En
1825, Auger se plaignait encore de ce retranchement.

ACTE CINQUIÈME.

92, 9. *Je vous estime autant.* Coupure de 16 vers.

93, 27. *Vous avez tant d'Iris, de Philis, d'Amarantes.*
On connaît le quatrain de Cotin : « *Philis* s'est rendue à
ma foi ». Les *Iris* remplissent tous les *Recueils de pièces
choisies.* Corneille a dit ;

> « J'ai fait autrefois la bête,
> J'avais *des Philis* à la tête, »

Molière lui-même avait adressé des stances galantes à
une *Amarante.* (*Délices de la poésie,* 1666).

4, 10. *Cette ardeur* — dernière coupure de 8 vers.

95, 7. *A porter constamment* — à supporter avec cons-
tance, patiemment (*constanter*).

96, 3. *Malgré ses dents.* — Cf. *Médecin malgré lui*
(III, 1) : « Il m'a fait médecin malgré mes dents. »

— 17. *Suis-je un fat?* un sot.

98, 18. *S'il en est de besoin.* « Tout l'argent qui était
de besoin (*Francion*). — « Comme vous aviez *de* coutume » (*Fourberies de Scapin,* II).

99, 8. *En mines et talens* — monnaies grecques. Le
talent valait 1,800 livres de notre monnaie (1671).

— 9. *D'ides et de calendes* — dates du calendrier ro-
main, désignant le premier jour du mois, et le quinzième
de mars, mai, juillet et octobre ou treizième des huit
autres mois.

— 12. *Mes compagnons* — confrères, collègues, ap-
partenant à la même corporation.

101, 18. *Me fût-il hoc*, me fût-il assuré. Ce mot paraît venir du jeu de cartes appelé le *hoc*.

— 19. *La poule ne doit point chanter devant le coq.* Vieux proverbe, popularisé par une image ancienne, qui devrait être encadrée dans tous les ménages. « C'est un mauvais augure quand, dans une maison, la poule chante avant le coq, et la femme parle avant son mari, ou plus haut que lui. » (Thiers, *Traité des Superstitions,* t. I, p. 211.)

— 23. *On se gausse* — vieux mot populaire : on se moque. On le trouve dans Larivey, Montaigne, Sorel, Saint-Amant, etc. (*gaudium*, joie).

— 24. *Le haut de chausse.* On dit aujourd'hui « porter les culottes ».

102, 1. *Le jocrisse.* Cf. *Sganarelle* (sc. 16) :

« Et demeure les bras croisés, comme un *Jocrisse?* »

— 15. *Sans cesse épilogue.* Disserte, discute, pérore, rabâche, censure, critique.

— 24. *Prêcher en chaise* — en chaire.

— 28. *Quadrent mal avec.* On dit cadrer avec, ou cadrer à (*quadrare ad*) pour s'accorder mal avec, convenir mal au...

104, 17. *De Lyon.* Le mot est ici en deux syllabes.

G. M.

Imp. Jouaust, L. Cerf.

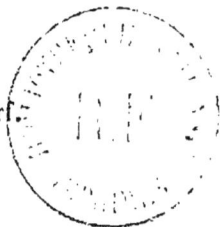

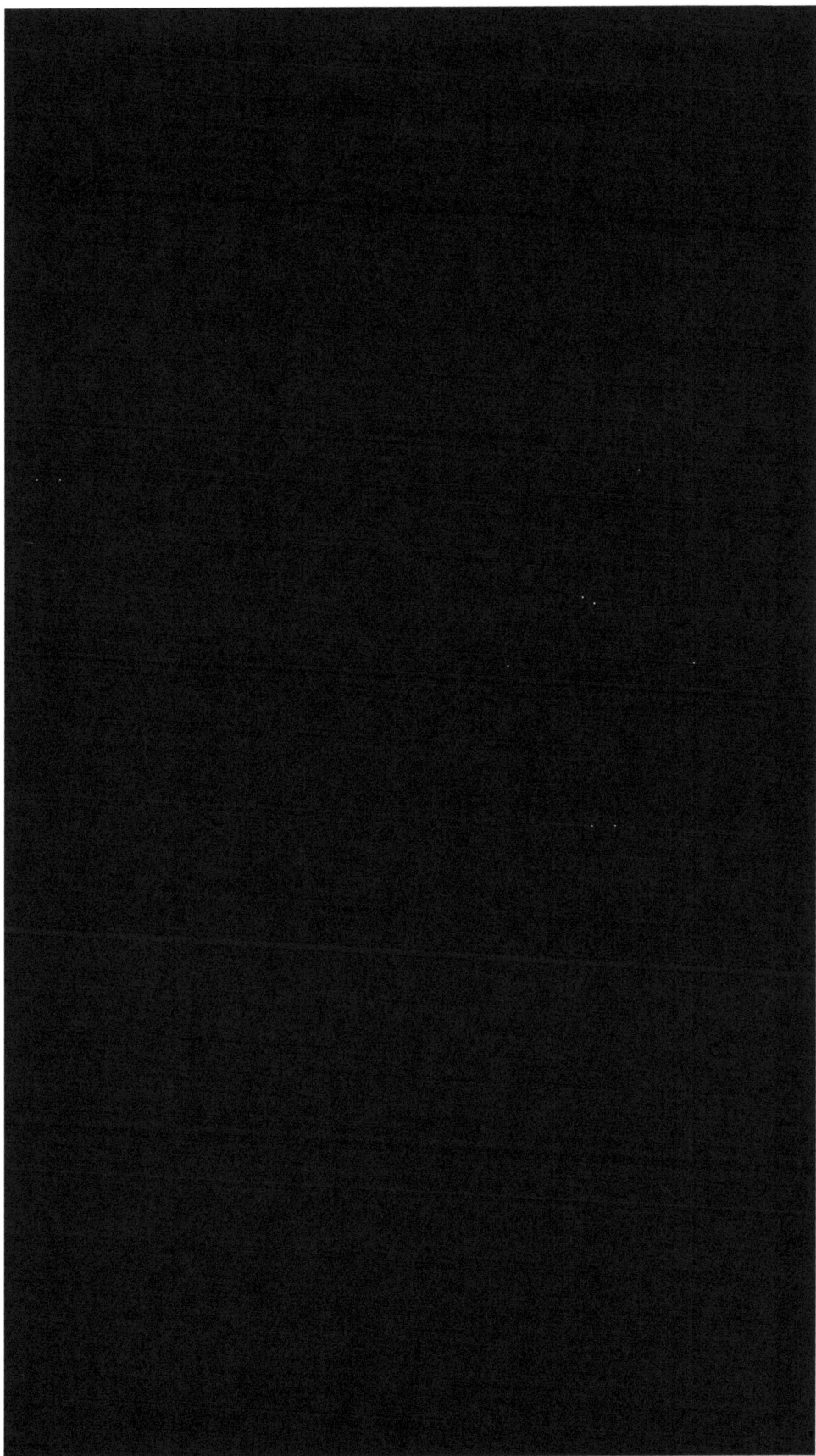

www.ingramcontent.com/pod-product-compliance
Lightning Source LLC
Chambersburg PA
CBHW050000100426
42739CB00011B/2445